Edward de Bono

Der kluge Kopf

Edward de Bono

Der kluge Kopf

Trainieren Sie Ihren Verstand und werden Sie ein faszinierender Gesprächspartner

Aus dem Amerikanischen übersetzt von
Sabine Schilasky

Bibliografische Information Der Deutschen Bibliothek
Die Deutsche Bibliothek verzeichnet diese Publikation in der Deutschen Nationalbibliografie; detaillierte bibliografische Daten sind im Internet über http://dnb.ddb.de abrufbar.

Copyright © der deutschsprachigen Ausgabe 2004 bei mvgVerlag im verlag moderne industrie, Frankfurt am Main
http://www.mvg-verlag.de

Umschlaggestaltung: Vierthaler & Braun Grafikdesign, München
Redaktion: Andrea Voß, words come easy, Olching
Satz: mi, M. Zech
Druck: Himmer, Augsburg
Bindearbeiten: Thomas, Augsburg
Printed in Germany 73510/020401
ISBN 3-478-73510-6

Inhalt

Kapitelübersicht

Richtungen einschlagen. Ein Gespräch in die gewünschte Richtung lenken.

Ein Ort, an dem man Gespräche üben und genießen kann. Über die Clubs. Wer den Club organisiert.

Einleitung

Auf einer Cocktailparty sehen Sie am anderen Ende des Raumes jemanden, den Sie attraktiv finden. Sie bahnen sich mühsam einen Weg zu dieser Person. Schließlich ergibt sich die Gelegenheit, sie anzusprechen. Leider stellt sich heraus, dass der Mensch, der aus der Entfernung so interessant wirkte, ein langweiliger und uninteressanter Gesprächspartner ist. Körperliche Schönheit ist eben nicht gleichbedeutend mit geistiger. Ist Ihnen das schon passiert? Mir ist es jedenfalls schon häufig so gegangen.

Es kommt allerdings auch vor, dass man einer auf den ersten Blick recht unscheinbaren und durchschnittlich wirkenden Person vorgestellt wird, die sich dann im Gespräch als äußerst faszinierend und anregend entpuppt.

Ist Aussehen wichtig?

Sowohl für Männer als auch für Frauen hat der regelmäßige Gang ins Fitness-Studio bisweilen oberste Priorität. Vom gesundheitlichen Standpunkt aus betrachtet, ist Fitness zweifellos etwas Gutes. Außerdem profitiert das Aussehen davon. Ein durchtrainierter Körper wirkt fraglos attraktiv. Ein Mann mit „Waschbrettbauch" oder eine Frau mit wohl proportionierter Figur gelten in unserem Kulturkreis nun einmal als attraktiv.

Außerdem gibt es Hunderte von Diätbüchern, und viele Menschen nehmen das Thema Ernährung sehr ernst. Warum legen sie so großen Wert auf das richtige Gewicht? Das mag teilweise durchaus gesundheitliche oder medizinische Gründe haben, aber der Wunsch, „gut auszusehen", spielt dabei gewiss auch eine Rolle.

Männer wie Frauen achten auf ihre Frisur. Der Haarschnitt sollte zu ihrer Persönlichkeit passen und perfekt sitzen. Wer ungepflegtes, ungekämmtes Haar hat, ist nicht attraktiv.

In einigen westlichen Industrieländern geben die Menschen bis zu einem Fünftel ihres monatlichen Einkommens für Kleidung aus. Natürlich besteht ein unleugbarer Bedarf, sich zu bedecken und warm zu halten, doch die Ausgaben für Kleidungsstücke gehen weit über das notwendige Maß hinaus. Die Menschen wollen nett aussehen, wollen attraktiv sein. Und: Kleider sagen eine Menge über ihre Träger aus. Würden Sie Geschäfte mit einer Bank machen wollen, deren Mitarbeiter durchweg nachlässig und schäbig angezogen sind?

Die meisten Männer rasieren sich. Ein Großteil der Frauen benutzt Kosmetika. Sie alle tun das aus dem Bedürfnis heraus, gut aussehen zu wollen.

Dann gibt es noch die plastische Chirurgie: Fettabsaugen, Brustvergrößerung, Bauchverkleinerung, Gesichtsliftings etc. All diese „Verschönerungen" kosten viel Geld, aber die Leute halten es für gut angelegt, weil es sie besser aussehen lässt.

Wir investieren also eine Menge Geld in unsere Bemühungen um ein hübsches Äußeres.

Doch was nützt gutes Aussehen, wenn man gleichzeitig langweilig, reizbar, unhöflich, stur, fantasielos und fad ist?

Schauen wir uns dazu einmal drei Beispiele an:

Im ersten haben wir es mit einer Person zu tun, die ausgesprochen schön ist. Darüber hinaus ist sie auch hübsch frisiert und gut gekleidet. Auch hat sie ein nettes Wesen und verfügt über tadelloses Benehmen. Das alles ist ganz wunderbar, aber es gibt einen Haken: Diese wunderschöne Person ist entsetzlich langweilig. Was für eine Verschwendung! Was für ein Jammer! Wenn eine solche Person auch geistige Attraktivität bieten könnte, wäre die Kombination absolut unschlagbar. Verführerisch zu sein, kann attraktiv wirken, aber man wird wohl kaum den Rest des Lebens darauf bauen können. Irgendwann muss man auch reden – und dann kann ein dürftiger Verstand von echtem Nachteil sein.

Im zweiten Fall geht es um jemanden, der durchschnittlich attraktiv ist. Nun leben wir in einer wettbewerbsgeprägten Welt, in der mittelmäßig attraktiv zu sein eventuell nicht ausreicht. Entsprechend gibt es gute Gründe, sich „geistige Attraktivität" anzueignen, um die Defizite der physischen wettzumachen.

In Beispiel drei sehen wir uns mit einer Person konfrontiert, deren Aussehen rein gar nichts hergibt. Wie wird so ein Mensch attraktiv? Fitness, Kleidung, Kosmetik oder Schönheitsoperationen können da wenig ausrichten. Und seine Persönlichkeit kann man auch nicht einfach verändern. Die einzige Lösung besteht darin, „geistige Attraktivität" zu entwickeln. Mit dieser Art von Schönheit kann es das männliche oder weibliche Mauerblümchen nicht nur mit weit hübscheren Menschen aufnehmen, sondern sie sogar weit hinter sich lassen.

In allen drei Fällen also besteht der Bedarf, sich geistige Attraktivität anzueignen. Was geschieht, wenn es die anderen ebenfalls tun? Und wenn schon. Das tut dem eigenen Verstand und der Ausstrahlung keinen Abbruch – ebenso wenig wie ein äußerlich schöner Mensch hässlicher wird, weil es andere attraktive Zeitgenossen gibt. Sobald andere aber anfangen, geistige Attraktivität zu entwickeln, kann man es sich einfach nicht leisten, zurückzustehen und letztlich außen vor zu bleiben.

Es stellt sich die Frage: Geht das? Kann jeder, der geistige Attraktivität anstrebt, sie auch erlangen?

Die Antwort lautet definitiv: Ja. Für viele mag sie überraschend kommen, weil in diesem Zusammenhang zwei hartnäckige Irrtümer kursieren:

Fehler Nummer eins besteht darin, anzunehmen, dass Intelligenz und Denken dasselbe sind. Wer hochintelligent ist, muss ein guter Denker sein. Wer weniger schlau ist, kann auch kein großes Denktalent sein. Meine dreißigjährige Erfahrung auf dem Gebiet des „Denkens" lehrt mich jedoch, dass es sich hierbei um einen fatalen Irrtum handelt. Ich bin vielen hochintelligenten Menschen begegnet, die erbärmliche Denker waren, und habe zugleich unter den angeblich einfachen Leuten viele große Geister entdeckt.

Die Beziehung zwischen Denken und Intelligenz lässt sich mit der zwischen Auto und Fahrer vergleichen. Mit der Intelligenz verhält es sich so wie mit der PS-Zahl beim Auto. Intelligenz ist ein geistiges Potenzial. Doch wie schnell und gut ein Auto fährt, hängt nicht allein davon ab, wie stark der Motor ist. Es hängt vielmehr vom Geschick des Fahrers ab. Intelligenz ist ein Potenzial, und Denken ist die Fähigkeit, dieses Potenzial zu nutzen. Ein hochmotorisiertes Auto kann schlecht und ein weniger PS-starkes gut gefahren werden.

Der zweite Irrtum ist der, dass Schulbildung oder Studium uns zu „geistiger Schönheit" verhelfen. Wer eine gute Ausbildung hat, entwickelt zwangsläufig geistige Attraktivität? Weit gefehlt. Universitäten sind gut, wenn es darum geht, analytische und argumentative Techniken zu fördern. Solche Techniken sind gewiss nützlich. Auch das linke Vorderrad eines Wagens ist nützlich, doch allein kann es nicht viel ausrichten. Im wirklichen Leben lassen sich fast neunzig

Prozent aller Denkfehler auf Wahrnehmungsfehler zurück-
führen. Logische Irrtümer sind eher selten. Im Alltag reicht
es nicht, über analytische Fähigkeiten zu verfügen. Man
muss auch kreativ sein. Man muss Dinge zusammenbringen
können, um Werte zu schaffen. Die Vergangenheit kann man
analysieren, aber die Zukunft muss man entwerfen. Im wirklichen Leben brauchen wir kreatives Denken, und das lehren
die Universitäten nicht.

Standardsituationen zu erkennen und Standardantworten
dafür bereithalten zu können, macht einen wertvollen Teil
des Denkens aus – aber es reicht nicht. Urteilsvermögen
allein ist ebenfalls zu wenig.

Trotz einer hervorragenden Ausbildung kann also dringender Bedarf bestehen, geistige Attraktivität zu entwickeln.
Und wenn man über keine höhere Schulbildung verfügt,
bedeutet das noch lange nicht, dass man nicht zu geistiger
Schönheit gelangen könnte.

Wer übrigens davon ausgeht, dieses Buch sei nichts für
ihn, weil er bereits über diese geistige Attraktivität verfügt,
der braucht es vielleicht dringender als irgendjemand sonst,
denn Selbstgefälligkeit und Arroganz sind typische Merkmale geistiger Beschränktheit und eines sturen Verstandes.

Wenn Sie der Meinung sind, Sie müssten keine geistige
Attraktivität entwickeln, dann bringen Sie sich selbst um ein
überaus nützliches Vermögen, das Sie viel attraktiver für sich
und andere machen kann.

Wenn Sie glauben, Sie seien außerstande, geistige Attraktivität zu entwickeln – obwohl Sie es gern würden –, dann
liegen Sie einfach falsch. Alles, was Sie brauchen, ist ein
fester Wille und dieses Buch.

Über dreißig Jahre Erfahrung aus dem Denkmethoden-
Unterricht sind in diesen Band eingeflossen. Und meine
Schüler kamen aus allen möglichen Bereichen: Kinder mit
Down-Syndrom gehörten ebenso dazu wie Nobelpreisträger,

südafrikanische Minenarbeiter, die durchweg Analphabeten waren, ebenso wie Topmanager aus Unternehmen wie Siemens und IBM, Vierjährige ebenso wie Neunzigjährige, Argentinier ebenso wie Japaner, New Yorker ebenso wie Australier etc. Heute lehren Tausende von Schulen auf der ganzen Welt nach meinen Methoden.

Geistige Attraktivität besteht nicht einfach darin, ein schönes Wesen zu haben. Es ist die Art, wie man seinen Verstand nutzt, die ihn für andere und uns selbst anziehend macht.

Am Ende des Buches finden Sie übrigens eine Anleitung für die Organisation von „Gesprächsclubs", in denen Sie Ihre geistige Attraktivität genießen und weiterentwickeln können – sozusagen ein Fitness-Studio für den Verstand.

Sollten Sie es also für lohnenswert halten, geistige Attraktivität zu entwickeln, dann wird Ihnen dieses Buch mit Sicherheit dabei helfen.

Edward de Bono

1
Wie man zustimmt

Um geistige Attraktivität zu erlangen, muss man zunächst ernsthaft bemüht sein, im Gespräch mit anderen Punkte der Übereinstimmung zu finden. Erstaunlicherweise ist dies bereits der schwierigste Aspekt von allen. Schwierig deshalb, weil die Übereinstimmung echt sein muss und nicht vorgetäuscht werden darf. Schwierig auch, weil die Motivation, nach Konsens zu suchen, oft der natürlichen Neigung der Menschen widerspricht.

Betrachten wir zunächst das eine Extrem:

- „Sie haben ja so Recht."
- „Ich stimme Ihnen in allen Punkten zu."
- „Ich stimme darin vollkommen überein."
- „Absolut richtig."
- „Ich bin hundert Prozent Ihrer Meinung."

Wenn man allem zustimmt, findet keine Diskussion statt, kein wirkliches Gespräch und kaum Austausch. Das Gegenüber könnte ebenso gut einen Vortrag halten. So nett das klingen mag, der eigene Beitrag dabei ist eher unwesentlich.

Und dann gibt es das andere Extrem:

- „Ja, aber ..."
- „Nein, dem kann ich ganz und gar nicht zustimmen."
- „Da liegen Sie falsch."
- „Das stimmt nicht."

Hier spricht ein Mensch, der sich fest vorgenommen hat, allem zu widersprechen, was gesagt wird. Wir haben es mit jemandem zu tun, der Reibungen genießt und seine Überlegenheit demonstriert, indem er seine Zustimmung konsequent verweigert. Akademiker und hochgebildete Leute verhalten sich allzu oft auf diese Weise, weil sie dazu ermutigt wurden. Derartige „Intelligenzbeweise" sind jedoch enorm ärgerlich und weit davon entfernt, von geistiger Schönheit zu zeugen.

Man muss also den Mittelweg zwischen beiden Extremen finden. Natürlich sollte man nicht allem und jedem zustimmen, aber man sollte auch nicht immerzu und dauernd widersprechen.

Wenn man immer Recht behalten muss

Dieses Bedürfnis hängt mit dem Ego zusammen. Eine Gesprächsauseinandersetzung ist eine Art Kampf zwischen zwei Egos. Wenn man zustimmt, ordnet man sich scheinbar dem anderen Standpunkt unter – verliert also. Wenn man widerspricht, bestätigt man das eigene Ego und signalisiert damit Überlegenheit. Diese Mechanismen werden noch durch die Art und Weise bestärkt, in der Diskussionen oder Debatten in der Schule, in der Gesellschaft, in der Politik, in den Gerichtssälen oder in den Medien geführt werden.

In einer Demokratie wird die Opposition bemüht sein, allem zu widersprechen, was die Regierungspartei sagt oder tut. Die meisten Menschen erkennen allerdings mittlerweile, wie negativ und albern dieses Verhalten ist.

Wenn man darauf besteht, aus jeder Auseinandersetzung als Gewinner hervorzugehen, ist man am Ende am selben Punkt wie vorher – nur dass man zwischenzeitlich sein Argumentationstalent bewiesen hat. Wenn man in einer Diskussion unterliegt, ist man jedoch mit aller Wahrscheinlichkeit um eine neue Sichtweise reicher. Immer im Recht zu sein, ist nicht das Wichtigste auf der Welt – und mit Sicherheit auch nicht besonders schön.

Eine Diskussion sollte nicht als Schlagabtausch zwischen konkurrierenden Egos geführt werden, sondern als aufrichtiger Versuch, sich mit einem Thema auseinander zu setzen.

Die Logikblase

Den Terminus „Logikblase" habe ich in meinen früheren Büchern eingeführt. Wenn jemand etwas tut, das einem selbst nicht gefällt oder dem man nicht zustimmt, ist es leicht, diese Person als dumm, ignorant oder böswillig hinzustellen. Aber der andere kann seiner Logikblase gemäß vollkommen „logisch" handeln. Diese Blase besteht aus seinen Wahrnehmungen, Werten, Bedürfnissen und Erfahrungen. Gibt man sich wirklich Mühe, das Denkgebäude des anderen zu durchschauen und zu erkennen, woher seine Einstellungen kommen, kann man gewöhnlich die Logik seiner Position verstehen.

In dem von mir entwickelten Schulprogramm für Denkunterricht (CoRT-Programm) gibt es Hilfsmittel, mit deren Hilfe die Aufmerksamkeit gesteuert wird. Sie erweitern die Wahrnehmung, so dass der Denkende das Gesamtbild erfasst und sich entsprechend verhält. Die Hilfsmittel funktionieren ähnlich wie die Angaben „Nord", „Süd", „Ost" und „West", mit denen wir uns die räumliche Orientierung erleichtern. Eines von ihnen nennt sich „ALP" und ermutigt den Lernenden, „Anderer Leute Perspektive" zu erkennen. Mittlerweile gibt es eine ganze Reihe von Beispielen, die belegen, dass selbst gravierende Auseinandersetzungen ein schnelles Ende nahmen, sobald die Beteiligten beschlossen, die Perspektive des jeweils anderen zu sehen. Die ALP-Technik kommt dem Verstehen der „Logikblase" der anderen Partei ziemlich nahe.

Spezielle Umstände

Sie zählen zu den häufigsten Auslösern dafür, anfängliche Differenzen in Einigkeit zu verwandeln. Es beginnt meist damit, dass jemand eine Behauptung aufstellt, der man prompt widerspricht.

Ein Beispiel dafür liefert der Satz: Frauen glauben eher an Parapsychologie und Weissagung als Männer.

Ihre erste Reaktion besteht sehr wahrscheinlich darin, dieser Behauptung zu widersprechen. Doch vielleicht haben Frauen mehr Spaß an Horoskopen, auch wenn sie nicht an sie „glauben". Frauen, die ein eintöniges Leben führen, genießen es eventuell, sich von Wahrsagern aufregende Erlebnisse vorhersagen zu lassen. Früher kontrollierten die Frauen ihr Leben selten selbst, also mussten sie der Dinge „harren", die auf sie zukamen. Als sie noch keinerlei gesellschaftlichen oder politischen Einfluss besaßen, war das Okkulte ihre einzige Machtquelle. Das führte dazu, dass sie sich verstärkt mit Magie und Hexerei befassten, um damit eine gewisse Macht zu erlangen. Im Grunde hat dieses Phänomen die gleiche Grundlage wie der Erfolg der Harry-Potter-Bücher. Kinder, die in Wirklichkeit über praktisch keine Macht verfügen, genießen die Vorstellung von Zauberkraft und der damit verbundenen Möglichkeit, Einfluss zu nehmen.

All dies sind besondere Umstände, die Ihnen die Zustimmung zu der Behauptung, Frauen interessierten sich mehr für Übersinnliches als Männer, durchaus nahe legen könnten.

Ein anderes Beispiel: Jemand sagt, „arrangierte Ehen" seien eine gute Sache. Ihre erste Reaktion ist wiederum die, dies energisch in Abrede zu stellen, weil Sie an Romantik,

Liebe und Entscheidungsfreiheit glauben. Dann denken Sie über die besonderen Umstände nach. In isolierten Gemeinschaften können die Chancen, eine passende Braut oder einen passenden Bräutigam zu finden, reichlich schlecht stehen. Hier sind Verwandte oder Heiratsvermittler vielleicht eher in der Lage, geeignete Kandidaten aufzutun.

Eine erfahrene indische Geschäftsfrau, die an der Columbia University und in Yale studiert hatte, sagte mir einmal: „Im Westen fangt ihr immer mit Liebe und dem Himmel voller Geigen an – und danach geht es rapide bergab. Wir hingegen starten praktisch bei null und investieren dann alles, um die Beziehung stark zu machen. Wir müssen es einfach versuchen."

Besondere Umstände können sich also auch dann ergeben, wenn die Beteiligten in einer Kultur aufwuchsen, in der arrangierte Ehen die Regel sind. Hier könnte es aber sinnvoll sein, zusätzlich eine klare Differenzierung zwischen „arrangierten Ehen" und „Zwangsehen" zu machen.

Besondere Wertvorstellungen

„Wären das meine Wertvorstellungen, würde ich Ihnen zustimmen."

Die Vorgehensweise ähnelt der, bei der spezielle Umstände berücksichtigt werden, nur dass man in diesen Fällen nach den besonderen Werten sucht, die es erlauben, dem anderen zuzustimmen.

„Lügen sind niemals akzeptabel. Das ist ein moralisches Prinzip."

Dieser Äußerung können Sie zustimmen oder auch nicht. Interessanterweise streiten sich die Philosophen seit ewigen Zeiten darüber. Einige vertreten den Standpunkt, es sei immer falsch, zu lügen. Andere sagen, man dürfe lügen, wenn es „einem höheren Zweck dient". Nun lieben Philosophen die Übertreibung: Stellen Sie sich vor, ein Mörder verfolgt ein potenzielles Opfer und fragt Sie, in welche Richtung es gelaufen ist. Sollten Sie ihm die Wahrheit sagen oder lügen? In diesem Beispiel stoßen wir auf eine ganze Reihe von Werten, die sich gegenseitig widersprechen: moralische Prinzipien, Pragmatismus, der Wert des Menschenlebens etc.

Also gehen Sie auf jeden Einzelnen ein und machen klar, dass Sie in Bezug auf diese Werte zustimmen, in Bezug auf jene aber widersprechen würden. Ihre eigene Meinung können Sie dann immer noch äußern.

Besondere Erfahrungen

Mit besonderen Erfahrungen zu argumentieren, ist immer schwierig. Jemand, der sich jahrelang um Frauen gekümmert hat, die von ihren Männern geschlagen wurden, würde eventuell sagen, sie kehrten deshalb zu ihnen zurück, weil ihr Selbstwertgefühl so niedrig ist, dass sie die Beziehung brauchen.

Als Zuhörer vermuten Sie vielleicht, dass diese Frauen freiwillig zurückgehen, weil sie sonst nirgendwo hinkönnen.

Eine mögliche Einigung wäre die, dass in einigen Fällen das „Selbstwertgefühl" entscheidend ist, aber nicht in allen.

Grobe Verallgemeinerungen

Groben Verallgemeinerungen zuzustimmen, fällt normalerweise reichlich schwer. Doch leider bringen uns unsere Denkgewohnheiten immer wieder dazu, Dinge zu verallgemeinern: Alle Krokodile sind bösartig, alle Hunde sind schmutzig; man kann keinem Politiker trauen etc.

„Männer denken logisch, Frauen intuitiv."

Dies ist genau die Art von Verallgemeinerung, der die meisten Leute widersprechen würden. Nun kann man den Satz in seiner Absolutheit ablehnen und trotzdem mit einzelnen Aspekten einverstanden sein.

„Frauen können genauso logisch denken wie Männer, aber sie neigen dazu, intuitiver vorzugehen."

„Männer arbeiten schon seit Ewigkeiten in Gruppen zusammen und mussten Logik anwenden, um die anderen Mitglieder von ihren Plänen zu überzeugen. Frauen regelten Dinge eher allein und haben daher eher gelernt, sich auf ihre Intuition zu verlassen, weil sie niemand anderen überzeugen mussten."

„Ich stimme zu, dass der weibliche Verstand mehr Dinge auf einmal überblickt, so dass Frauen diverse Faktoren gleichzeitig berücksichtigen, statt sich von einem Punkt zum nächsten vorzuarbeiten."

Sie können also der groben Verallgemeinerung widersprechen, aber in einzelnen Punkten durchaus zustimmen.

Im wirklichen Leben gibt es zahlreiche Zustimmungsstufen zwischen „gar nicht" und „vollkommen". Dazu gehören:

*   gar nicht,
*   in wenigen Punkten,
*   in einigen Punkten,
*   in vielen Punkten,
*   in den meisten Punkten,
*   im Großen und Ganzen,
*   grundsätzlich,
*   vollkommen.

Leider kann unser aus dem Griechischen übernommenes Logiksystem mit seinen Inklusionen und Exklusionen diese Abstufungen nicht berücksichtigen. Beispiel: „Alle Feuer brennen, also wirst du dich auch an diesem Feuer verbrennen." In Wissenschaft und Technik hat sich das System zweifellos bewährt, denn dort hat man es mit permanenten Eigenschaften zu tun. In den zwischenmenschlichen Beziehungen hingegen ist es weit weniger brauchbar, weil wir hier mit veränderbaren Eigenschaften umzugehen haben. Die Person, die wir einen „Idioten" nennen, ist hinterher nicht mehr dieselbe wie vorher.

Dogmatik, Rigidität, Vorurteil und Bigotterie entstammen diesem „Schubladendenken". Manches landet „in der Schublade" – und zwar für immer –, manches außerhalb – gleichfalls dauerhaft. Der Fairness halber sollte gesagt sein, dass diese Art des Denkens recht nützlich sein kann und wir sie manchmal anwenden müssen. Aber geistige Attraktivität blickt über die engen Schubladenstrukturen hinaus und betrachtet die Dinge mit mehr Scharfsinn.

WIE MAN ZUSTIMMT

1. Es ist wichtig, ernsthaft nach Punkten zu suchen, in denen man dem anderen zustimmen kann.
2. Man leistet keinen wirklichen Beitrag, indem man einfach allem zustimmt.
3. Allen Punkten prompt zu widersprechen, ist ebenfalls ärgerlich und langweilig.
4. Streitlustig zu sein, ist wenig hilfreich. Es gibt bessere Methoden, sich mit einem Thema auseinander zu setzen.
5. Es ist nicht notwendig, immer Recht zu haben. Man sollte sein Ego aus der Diskussion herauslassen und sich stattdessen auf das Thema konzentrieren.
6. Man sollte sich bewusst bemühen, zu verstehen, woher die andere Person kommt – es geht darum, ihre „Logikblase" zu erkunden.

7. Man sollte prüfen, ob es besondere Umstände gibt, denen zufolge der Standpunkt des anderen richtig sein könnte. Man sollte sie benennen und klarmachen, dass man unter genau diesen Umständen zustimmt.

8. Es gilt, zu überlegen, ob besondere Werte den Standpunkt des anderen rechtfertigen, und klarzustellen, dass man unter Berücksichtigung dieser Werte sein Einverständnis geben kann. Eine eigene Meinung kann man trotzdem haben.

9. Der Wert der besonderen Erfahrungen des anderen ist anzuerkennen und als mögliche Entscheidungsgrundlage anzusehen. Das muss aber nicht unbedingt für vollkommene Übereinstimmung sorgen.

10. Grobe Verallgemeinerungen sind abzulehnen, aber dabei sollte man nicht seinerseits grob verallgemeinern. Wir müssen dagegen prüfen, ob einzelne Aspekte davon vielleicht unsere Zustimmung finden.

11. Man sollte es genießen, Punkte aufzuspüren, in denen man dem anderen zustimmt – auch wenn man letztlich keine Einigung erzielt.

12. Die eigene Wahrnehmung zu verändern, Dinge anders zu betrachten, ist ein wichtiger Schritt zu einer möglichen Einigung.

2
Wie man widerspricht

Wer nicht weiß, wie man widerspricht, wird nie geistige Attraktivität erreichen. Dadurch nämlich beweist man wahres Können. Falsch zu widersprechen, kann zwar wirkungsvoll sein, es wirkt aber negativ.

- Es gibt Menschen, die auf harsche und aggressive Weise widersprechen.
- Es gibt Menschen, die widersprechen, um einen Streit anzuzetteln, aus dem sie als Gewinner hervorgehen.
- Es gibt Menschen, die nur widersprechen, um ihr Ego zu befriedigen.
- Es gibt Menschen, die auf tyrannische Weise widersprechen.
- Es gibt Menschen, die widersprechen, um ihre Überlegenheit zu demonstrieren.
- Es gibt Menschen, die widersprechen, weil man ihnen beigebracht hat, darin bestehe der Sinn und Zweck von Unterhaltungen.
- Es gibt Menschen, die widersprechen, weil sie einfach keine andere Methode kennen, um sich mit einem Thema auseinander zu setzen.

Ein Gerichtsprozess ist eigentlich eine sehr primitive Form, um ein Thema zu ergründen. Wenn der Kläger etwas weiß, das dem Beklagten bei seiner Verteidigung nützen könnte, wird er diesen Punkt dann vorbringen? Natürlich nicht! Wenn der Anwalt des Angeklagten Informationen hat, die die Position des Klägers stärken könnten, wird er sie ebenfalls für sich behalten. Jede Seite stellt sich ihre Sicht der Dinge zusammen und verteidigt sie, indem sie die Darstellungen der gegnerischen Seite attackiert. Diese „Schlacht" bedeutet keineswegs, dass der Sachverhalt gründlich betrachtet würde. Ein weit effektiverer Weg, sich mit einem Thema auseinander zu setzen, ist die Methode des „parallelen Denkens", auf die ich später noch näher eingehen werde. Mit dieser Methode ergründen beide Parteien das Thema gemeinsam.

Obwohl Widerspruch etwas Unerfreuliches sein kann, ist er bisweilen notwendig – sowohl um der Wahrheit willen als auch um der objektiven und vollständigen Erfassung eines Themas willen.

Höflichkeit

- „Sie haben einfach keine Ahnung."
- „Das ist das Lächerlichste, was mir in letzter Zeit untergekommen ist."
- „Das stimmt nicht."
- „Das ist völlig unlogisch."
- „Ich kann überhaupt nichts von dem akzeptieren, was Sie sagen."
- „Wie dumm wollen Sie mir denn noch kommen?"

All diese Formulierungen sind reichlich ungehobelt. Es gibt weit bessere Möglichkeiten, um Widerspruch zu vermitteln, ohne dabei gleich beleidigend zu sein.

- „Ich bin nicht sicher, ob ich Ihrer Argumentation folgen kann."
- „Vielleicht kann man die Sache auch anders betrachten."
- „Das ist aber nur einer von mehreren möglichen Standpunkten."

- „Wie wäre es, wenn wir folgende andere Möglichkeit in Betracht ziehen würden?"
- „Ich fürchte, mir kommen einige Zweifel an Ihren Schlussfolgerungen."
- „Das mag so sein, aber vielleicht verhält es sich auch anders."
- „Ich könnte mir auch eine andere Erklärung vorstellen."

Höflicher Widerspruch ist nicht weniger wirkungsvoll als aggressiv vorgebrachter. Auf jeden Fall aber ist es sympathischer, höflich zu sein.

Widerspruch kann viele verschiedene Gründe haben. Einige werden im Folgenden aufgeführt.

Logische Irrtümer

„Die Leute wollen nicht mehr Steuern zahlen. Wenn wir die Steuern erhöhen, bekommen wir mehr Wählerstimmen."

Hier liegt ein offensichtlicher logischer Irrtum vor. Eventuell bringt eine Steuererhöhung mehr Stimmen, weil die erhöhten Steuern, die eine kleine Gruppe zahlt, die Mittel für verbesserte soziale Leistungen für eine größere Gruppe einbringen. Aber dieser Stimmengewinn ergibt sich nicht aus der Behauptung, dass die Leute ungern Steuern zahlen.

Logische Irrtümer sind eigentlich recht selten. Eine einfache und wirkungsvolle Reaktion auf sie besteht darin, die andere Person zu bitten, ihre Begründung zu wiederholen oder selbst den Wortlaut wiederzugeben – mit der entsprechenden Betonung.

Falsche Schlussfolgerungen

Hierbei handelt es sich um das, was Logiker manchmal mit „Non sequitur" – „daraus folgt nicht ..." – bezeichnen. Das heißt, dass eine Schlussfolgerung nicht zu den vorherigen Aussagen passt, kann aber auch bedeuten, dass sie zwar richtig sein kann, aber nicht notwendig sein muss.

„In ganz Europa bewegt sich die Zahl der Gefängnisinsassen zwischen 89 und 120 pro 100.000 Einwohner. In den USA liegt die Zahl mit 750 pro 100.000 Einwohner beinahe fünfmal höher. Das bedeutet, dass US-Amerikaner weniger gesetzestreu sind."

Dieser Schluss ergibt sich nicht zwingend aus den Zahlen der Statistik. Vielleicht leistet die amerikanische Polizei bessere Arbeit bei der Verfolgung von Straffälligen. Vielleicht werden in den USA mehr Vergehen mit Gefängnis bestraft. Vielleicht sind die in den USA verhängten Haftstrafen höher. Vielleicht trägt die Strafprozesspraxis, bei der die Beschuldigten in fünfundneunzig Prozent der Fälle durch ein Schuldgeständnis mildere Urteile erwirken, dazu bei, dass letztlich mehr Menschen im Gefängnis landen.

Indem man die alternativen Schlüsse aufzeigt, kann man nachweisen, dass die Zahl der Gefängnisinsassen nicht notwendig auf eine höhere Kriminalität schließen lässt. Solch ein Resümee wäre nur eines von mehreren möglichen.

„Die Leute mögen keine kleinen Politiker, also werden sie Harris nicht wählen."

Wenn keine weiteren Unterschiede zwischen dem kleineren und dem größeren Kandidaten auszumachen sind, kann es sein, dass sich die Wähler für den größeren entscheiden. Eventuell aber gibt es durchaus wichtigere Unterschiede. Der Kandidat Harris könnte beispielsweise über deutlich mehr Verwaltungserfahrung verfügen als seine Mitbewerber.

Manchmal scheint eine Sache logisch auf eine andere zu folgen. Hier könnte man die Folgerichtigkeit anzweifeln. Solche Zweifel wirken umso überzeugender, wenn man alternative Schlüsse vorbringen kann.

Interpretation

Hier haben wir es ebenfalls mit einer Kausalitätsschwäche zu tun. Indem eine Statistik oder ein Vorfall auf eine bestimmte Weise interpretiert wird, entsteht der Eindruck, diese Sichtweise sei die einzig zulässige. Dennoch können auch andere Erklärungen infrage kommen.

„In Schweden werden beinahe fünfzig Prozent aller Babys von unverheirateten Müttern geboren. In Island sind es sogar sechsundsechzig Prozent. Das bedeutet, dass die Ehe in diesen Ländern nicht sehr viel gilt oder der moralische Standard deutlich niedriger ist als in anderen Ländern."

Eine offensichtliche Erklärung wäre, dass die Paare nicht heiraten, bevor sie dafür einen „Baby-Grund" haben. Die Statistiken sagen nichts darüber aus, ob die Eltern vielleicht nach der Geburt eines Kindes heiraten.

„Australische Statistiken belegen, dass im Sternzeichen Zwillinge geborene Menschen häufiger Autounfälle haben als solche, die unter anderen Sternzeichen geboren sind. Stiergeborene folgen an zweiter Stelle."

Es ist ziemlich unwahrscheinlich, dass die Zahl von Verkehrsunfällen für alle Sternzeichen exakt gleich hoch ist. Also wird man eventuell wissen wollen, ob die Unterschiede auch für verschiedene Jahreszeiten und Regionen gelten. Wichtig wäre letztlich, wie groß diese Abweichungen sind.

Eine mögliche Erklärung besteht darin, dass Menschen, die im Sternzeichen Zwillinge geboren sind, das Führerscheinalter im Winter erreichen und entsprechend ihre ersten

Fahrerfahrungen in einer schwierigen Jahreszeit machen (in Australien ist der Juni ein Wintermonat).

Selektive Wahrnehmung

Eine Frau, die herausfindet, dass ihr Mann eine Affäre hat, denkt über ihr bisheriges Zusammenleben mit dem Partner nach und sucht dabei vor allem nach Anzeichen dafür, dass ihr Mann sie nie wirklich geliebt hat.

Selektive Wahrnehmung bedeutet, die Dinge auf eine Weise wahrzunehmen, die unsere vorgefasste Meinung bestätigt. Klassische Beispiele für selektive Wahrnehmung sind Stereotype und Vorurteile. Das Denken ist dabei von festen Mustern bestimmt, weshalb man nur das sieht, was in diese Muster passt. Rassenvorurteile sind ein besonders augenfälliges Symptom dafür. Eine überzeugte Feministin registriert dagegen vor allem jene männlichen Verhaltensweisen, die auf Chauvinismus hinweisen.

„Nach einer Erhebung waren zu einem bestimmten Zeitpunkt fünfzig Prozent aller Mitarbeiter der NASA und sechsunddreißig Prozent aller Microsoft-Mitarbeiter Inder."

Diese Zahlen könnten den Schluss zulassen, Inder seien intelligenter oder grundsätzlich besser geeignet für die Arbeit mit Computern. Der tatsächliche Hintergrund: Seit Jahren boomt in der Region um Bangalore in Indien die Softwareindustrie und es gibt hervorragende Ausbildungsinstitute. Entsprechend ist es sehr wahrscheinlich, dass junge Inder, die in der USA Karriere machen wollen, vor allem Jobs in der Computerbranche anstreben. Verstärkt wird dieser Effekt durch den IT-Kräfte-Mangel in den USA, der dazu führte, dass besondere Visa für indische Computerspezialisten ausgestellt wurden.

Selektive Wahrnehmung zu erkennen und zu entlarven, ist schwierig, weil das Gesagte durchaus richtig sein kann. Und der Zuhörer kann schließlich nicht wissen, was nicht gesagt, also bewusst verschwiegen wurde. Jemand, der sämtliche Vorfälle aufzählt, bei denen sich ein Mitarbeiter als faul erwiesen hat, wird eventuell absichtlich nicht sagen, wann derselbe Mitarbeiter außergewöhnlich hart gearbeitet hat. Wenn man überzeugt ist, dass eine bestimmte ethnische Gruppe mehr Verbrechen begeht als andere, wird man nur solche Meldungen wahrnehmen, in denen es um von dieser Gruppe verübte Verbrechen geht. Dabei bleibt unbeachtet, dass die Kriminalitätsrate häufig mit dem Sozialstatus zusammenhängt und die besagte ethnische Gruppe in den unteren sozialen Schichten stärker vertreten ist als in den anderen.

Emotionen

Vorurteile und Stereotype sind häufig von Emotionen begleitet. Stellt unser Gegenüber uns einen objektiven Standpunkt dar, oder sind die Aussagen emotionell eingefärbt? Oft lässt sich das an den verwendeten Adjektiven erkennen.

Adjektive wie faul, nutzlos, verlogen, gleichgültig, gefährlich, betrügerisch oder zwielichtig verraten auf Anhieb, dass man es mit einer sehr emotionell gefärbten Meinung zu tun hat. Sobald man die Adjektive streicht, fällt die Argumentation meist in sich zusammen. Die vertretene Ansicht ist also nur eine Gefühlsäußerung.

Natürlich steht es jedermann frei, seine Gefühle zu äußern. Als Zuhörer jedoch müssen wir uns von Emotionen nicht überzeugen lassen oder ihnen zustimmen. Sobald bei einer Meinungsbegründung Gefühle ins Spiel kommen, wird es gefährlich. Deshalb sollte man Emotionen klar als solche kennzeichnen, indem man beispielsweise sagt: „Das sind meine Gefühle in der Sache." Der Zuhörer kann dann immer noch fragen, woher diese Gefühle rühren.

Emotionen können Reaktionen auf Erlebnisse sein – und sie können darüber entscheiden, wie wir Ereignisse wahrnehmen.

Unterschiedliche Erfahrungen

Im Kapitel über das Vertreten eines abweichenden Standpunkts wird dargestellt, wie unterschiedliche persönliche Erfahrungen zu unterschiedlichen Ansichten führen können. Beim Widersprechen gilt das gleichermaßen. Wenn unsere persönlichen Erfahrungen von denen des Gegenübers abweichen, können wir dessen Schlussfolgerungen eventuell nicht akzeptieren.

Ein Mensch, der in einem Königreich lebt, wird über königliche Familien anders denken als jemand, der Monarchien nur vom Hörensagen kennt. Wer eine Scheidung hinter sich hat, wird andere Erfahrungen gemacht haben als jemand, der nicht geschieden wurde.

Unterschiedliche Erfahrungen zu haben, bedeutet nicht, dass die eigene die richtige und die des Gegenübers die falsche ist. Wer hier widerspricht, drückt damit lediglich aus, abweichende Erfahrungen gemacht zu haben.

„Meine Erfahrung mit jugendlichen Straffälligen ist offensichtlich eine andere als Ihre. Ich habe festgestellt, dass ..."

Hier haben wir es mit zwei divergierenden Erfahrungen und zwei unterschiedlichen Erfahrungsinterpretationen zu tun .

„Als junger Arzt stellte ich fest, dass sich das Pflegepersonal sehr gut um die Patienten kümmerte."

„Als junger Arzt stellte ich fest, dass dem Pflegepersonal zu wenig Zeit blieb, um sich um die Patienten zu kümmern."

Auf den ersten Blick scheint es sich um zwei gegensätzliche Erfahrungen zu handeln. Dann erst stellt man fest, dass das Krankenhaus im zweiten Fall unterbesetzt war, das Pflegepersonal entsprechend überarbeitet und die Zeit für die Patienten infolgedessen zu knapp war.

Grobe Verallgemeinerungen

Grundsätzlich sollte man bei groben Verallgemeinerungen immer zum Widerspruch neigen – wie bereits im vorangegangen Kapitel ausgeführt. Verallgemeinerungen bedeuten im Wesentlichen, dass alles und jedes mit einem bestimmten Etikett versehen und in eine bestimmte Schublade gepackt wird.

- „Alle Kinder sind niedlich."
- „Alle Anwälte sind streitlustig."
- „Alle Italiener sind romantisch."
- „Alle Französinnen kochen fantastisch."

Um derlei Allgemeinplätze zu entkräften, könnte man nachfragen, ob Formulierungen wie „viele" oder „die meisten" nicht angebrachter wären. Sollte dieser Vorschlag abgelehnt werden, weil eine solche Abschwächung die Logik der Argumentation stören würde, muss man diese Logik anzweifeln – zumindest dann, wenn sie sich auf Menschen bezieht. In technischen Bereichen können Verallgemeinerungen durchaus Gültigkeit haben.

Extrapolation

In diesen Bereich gehört der Witz von dem Piloten, der sich bei den Passagieren dafür entschuldigt, eines der Triebwerke abschalten zu müssen. Er erklärt ihnen, damit würde sich die Ankunft in New York um zwei Stunden verzögern. Als die zweite Maschine ausfällt, informiert er die Fluggäste, dass das Flugzeug nun wohl vier Stunden verspätet in New York ankommen wird. Dann fällt der dritte Antrieb aus, woraufhin sich der Co-Pilot an den Piloten wendet und sagt: „Ich hoffe wirklich, dass die letzte Maschine nicht auch noch schlapp macht, sonst hocken wir die ganze Nacht hier oben!"

Extrapolation bedeutet, eine bestimmte Entwicklung der Umstände immer weiter in die Zukunft zu übertragen, wobei man selbstverständlich davon ausgeht, dass diese Entwicklung andauern wird. Ökologen müssen diese Methode fortlaufend anwenden, wenn sie vor der globalen Erwärmung, dem Abschmelzen der Polarkappen etc. warnen. Manchmal mögen sie damit Recht haben, aber manchmal eben auch nicht.

In den meisten Ländern steigt die Zahl der Universitätsstudenten. Kann man deshalb davon ausgehen, dass wir demnächst in einer Welt voller Akademiker leben, für die es nicht genügend angemessene Jobs gibt? Die chinesische Wirtschaft wächst jährlich um acht Prozent und damit deutlich schneller als in den meisten anderen Ländern. Lässt diese Entwicklung aber bereits den Schluss zu, dass China irgendwann zur weltweit führenden Wirtschaftsmacht wird?

Wie grobe Verallgemeinerungen sind auch Extrapolationen mit Vorsicht zu genießen. Sie mögen einen gewissen Wahrheitsgehalt haben, aber es ist eher unwahrscheinlich, dass sich die Dinge tatsächlich genau so entwickeln werden, wie behauptet wird. In der Mehrzahl der Fälle setzen Gegenkräfte ein, die dem Trend widersprechen.

Möglich oder gewiss?

Diese Unterscheidung ist beim Widerspruch besonders wichtig. Wir sind vielleicht bereit, etwas als „möglich" anzuerkennen, lehnen allerdings ab, es als Gewissheit zu betrachten.

Es ist möglich, dass eine Verlängerung der Schulpflicht die Jugendkriminalität reduziert. Mit der Formulierung „gewiss" statt „möglich" hätten wir jedoch sicher unsere Schwierigkeiten.

Es ist möglich, dass die höhere Selbstmordrate von Männern nach Trennungen damit zu tun hat, dass für Männer die Trennung meist überraschender kommt als für Frauen.

Zwischen „eventuell möglich" und „gewiss" gibt es eine ganze Reihe von Abstufungen.

• eventuell möglich,
• möglich,
• nahe liegend,
• sehr nahe liegend,
• wahrscheinlich,
• sehr wahrscheinlich,
• gewiss.

Wollen wir jemandem widersprechen, der etwas als Gewissheit ausgibt, das wir bezweifeln, können wir dagegenhalten, indem wir deutlich machen, für wie „möglich" wir es erachten.

„Es ist möglich, dass China sich in den nächsten fünfzig Jahren zu einer führenden Wirtschaftsmacht entwickeln wird."

„Es besteht die vage Möglichkeit, dass man auf dem Mond oder einem anderen Planeten eine menschliche Kolonie einrichtet."

„Es ist sehr nahe liegend, dass HIV zu einem der größten Probleme in Afrika wird."

Abweichen oder widersprechen

Widerspruch drückt einen hohen Respekt vor der Wahrheit aus. Man sorgt sich um die Wahrheit und möchte deshalb keine Behauptung hinnehmen, die entweder falsch oder unbelegt ist.

In der Spaghettimetapher des nachfolgenden Kapitels ist die Wahl zwischen verschiedenen Saucen eine Frage der freien Entscheidung. Die Idee, gemahlenen Kaffee über Spaghetti zu schütten, wird man wahrscheinlich spontan ablehnen. Tatsächlich habe ich es ausprobiert, und ich fand es recht lecker. Sollte allerdings jemand vorschlagen, Dieseltreibstoff über die Nudeln zu gießen, wird man das mit Sicherheit zurückweisen – nicht nur wegen des Geschmacks, sondern weil es giftig ist.

Beim Widerspruch kann man also mehrere Dinge ausdrücken:

- „Das ist schlicht falsch."
- „Das ist möglich, aber nicht gewiss."
- „Das ist nur eine von vielen Alternativen."
- „Das entspricht Ihrer Erfahrung."
- „Das passt zu Ihren Wertvorstellungen."
- „Das mag für Sie gelten, nicht aber für mich."
- „Ihre Behauptung basiert auf Emotionen und Vorurteilen."
- „Zu diesem Schluss muss man nicht notwendig kommen."
- „Das ist eine von möglichen Sichtweisen, wie die Zukunft aussehen kann."

Widerspruch sollte möglichst klar und unmissverständlich formuliert sein. Einfach zu sagen, dass man nicht zustimmt, ist zu abrupt und unhöflich. Wie man vorgeht, nachdem man seinen Widerspruch geäußert hat, muss hier nicht en détail erläutert werden, denn eine Diskussion über die widersprüchlichen Punkte ergibt sich praktisch automatisch.

WIE MAN WIDERSPRICHT

1. Widersprechen Sie nicht allein um des Widerspruchs willen.
2. Widersprechen Sie nicht nur deshalb, weil Sie beweisen wollen, wie clever Sie sind, oder weil Ihr Ego es verlangt.
3. Wenn Sie widersprechen, tun Sie es höflich und rücksichtsvoll statt barsch und aggressiv.
4. Eventuell müssen Sie widersprechen, um darauf hinzuweisen, dass eine Behauptung oder eine Darstellung falsch ist.
5. Vielleicht müssen Sie auch widersprechen, um einen Fehler in der Argumentationskette nachzuweisen oder klarzustellen, dass eine bestimmte Schlussfolgerung nicht unbedingt richtig sein muss.
6. Widerspruch kann auch nötig werden, wenn Ihr Gegenüber etwas zu selektiv wahrnimmt oder Statistiken oder Ereignisse zu einseitig interpretiert.
7. Sind Emotionen, Vorurteile oder Stereotype im Spiel, kann Widerspruch dazu dienen, sie offen zu legen und zu entkräften.
8. Ihr Widerspruch kann auch dadurch motiviert sein, dass Sie andere Erfahrungen gemacht haben als Ihr Gegenüber.
9. Wahrscheinlich werden Sie grundsätzlich zum Widerspruch neigen, wenn jemand Dinge zu grob verallgemeinert.

10. Vielleicht stellen Sie mit Ihrem Widerspruch auch Schluss-folgerungen infrage, die auf extremen Deutungen von Entwicklungen beruhen.

11. Wichtig ist Widerspruch immer dann, wenn „Gewisshei-ten" in den Raum gestellt werden, wo eigentlich nur eine „Möglichkeit" besteht.

12. Es ist wichtig, zu unterscheiden, ob man von einer ande-ren Meinung abweicht oder sie ablehnt.

3
Wie man einen abweichenden Standpunkt vertritt

Schauspieler nehmen regelmäßig am Vorsprechen teil, um Rollen zu bekommen. Dabei werden sie ziemlich häufig abgelehnt. Das kann auf lange Sicht sehr entmutigend sein und am Selbstwertgefühl nagen. Dann trösten ihre Agenten sie mit Formulierungen wie der folgenden. „Sieh es mal so: Du bist ein Apfel, und die wollten Orangen. Das heißt noch lange nicht, dass du ein schlechter Schauspieler oder ein schlechter Apfel bist. Sie wollten einfach etwas ganz anderes."

Einige Leute mögen Spaghetti mit Puttanesca-Sauce. Manche ziehen die Arrabbiata-Version vor und wieder andere schwören auf die klassische neapolitanische Tomatensauce. Hier geht es um unterschiedliche Vorlieben, von denen keine besser oder richtiger ist als die andere.

Kinder innerhalb ein und derselben Familie können vollkommen unterschiedlich sein, aber sie alle werden von ihren Eltern geliebt.

Zwei Sorten von Unterschieden

Dass die meisten Menschen im Dunkeln Whisky nicht von Cognac unterscheiden können, klingt überraschend, wurde aber in zahlreichen Versuchen bestätigt. Reicht man also im Dunkeln ein Glas herum und bittet die Testpersonen, anzugeben, was drin ist, werden die einen sagen, es sei Whisky, während die anderen auf Cognac tippen. Die Aussagen weichen voneinander ab, aber es gibt nur eine Wahrheit, denn in dem Glas ist entweder Whisky oder Cognac.

Auf die Frage „Was ist das?" kann es unterschiedliche Antworten geben, von denen aber höchstens eine die richtige sein kann – möglicherweise sind sogar alle falsch. Es gibt also Situationen, in denen eine Aussage richtig ist und andere falsch sind.

Allerdings gibt es auch eine andere Form von Differenzierung:

„Wenn wir den Verkaufspreis für das Magazin anheben, werden es weniger Leute kaufen wollen und wir verlieren Geld."

„Wenn wir den Verkaufspreis für das Magazin anheben, wird es prestigeträchtiger wirken und wir gewinnen eventuell noch mehr Leser – was wiederum zu einer Umsatzsteigerung führt."

Wann immer wir in die Zukunft blicken, können unterschiedliche Auffassungen darüber herrschen, wie sich die Dinge entwickeln werden. Es ist immer schwierig, im Voraus zu sagen, welche Meinung sich als „richtig" erweisen wird. In einigen Fällen können Marktforschungen oder Trendanalysen bestimmte Meinungen stärken, doch normalerweise sind Vorhersagen von Meinungen geprägt, die sehr unterschiedlich ausfallen können.

Wie Abweichungen entstehen

„Dem Essen fehlt Salz."

„Das Essen ist salzig genug."

Abweichende Meinungen entspringen oft persönlichen Vorlieben. Einige Menschen mögen Horrorfilme, einige Actionstreifen und wieder andere Western. Auch im persönlichen Geschmack der Menschen gibt es genügend Abweichungen, um es den meisten zu ermöglichen, einen Partner ihrer Wahl zu finden.

Ein interessantes Beispiel ergibt sich auch, wenn sich zwei Menschen über den besten Weg von A nach B unterhalten.

„Am besten fährt man durch Clickford hindurch."

„Die Umgehung zu fahren, wäre sicherer."

Es kommt immer darauf an, was mit dem „besten Weg" gemeint ist. Und dabei können die unterschiedlichsten Kriterien wichtig sein, z. B.:

- „Der beste Weg ist der schnellste",
- „Der beste Weg ist der landschaftlich schönste",
- „Der beste Weg ist der, der am leichtesten zu finden ist",
- „Der beste Weg ist der mit dem geringsten Verkehrsaufkommen",
- „Der beste Weg ist der kürzeste."

Solange keine klare Definition des „besten" Weges vorliegt, sind sämtliche diesbezüglichen Meinungen zulässig.

Ganz ähnlich ist die Situation, wenn jemand an der Nordseite einer Kirche steht und das Gebäude aus dieser Perspektive beschreibt, während eine zweite Person ihre Sicht der Dinge von der Südseite aus schildert. Beide Beschreibungen der Kirche sind gültig. Sie sind unterschiedlich, aber beide gleich zulässig.

In diesen Zusammenhang passt die Geschichte von einem Mann, der die eine Hälfte seines Autos weiß, die andere schwarz anmalt. Seine Freunde fragen ihn nach dem Grund, und er antwortet: „Falls ich einen Unfall habe, wird es ziemlich witzig sein, wie sich die Zeugen vor Gericht widersprechen. Der eine wird sagen, ein weißes Auto habe den Radfahrer angefahren, und der andere wird unter Eid schwören, es sei ein schwarzes Auto gewesen." Beide Zeugen hätten Recht – je nachdem, von welcher Seite sie das Fahrzeug gesehen haben.

Aus der Sicht von Menschen, die sich Geld für ein Geschäft leihen oder eine Hypothek aufnehmen müssen, sind niedrige Zinsen eine gute Sache. Aus dem Blickwinkel derjenigen, die das Geld verleihen oder ihr Einkommen aus Kapitaleinkünften bestreiten, sind niedrige Zinsen dagegen eher negativ. Hier weichen die Standpunkte ebenfalls weit voneinander ab, und dennoch sind beide korrekt.

Je nach Perspektive kann die Wahrnehmung also variieren. Aber selbst wenn die Perspektiven übereinstimmen, können die Wahrnehmungen unterschiedlich sein.

Aus Sicht der Eltern verschaffen Computer an den Schulen Kindern Zugang zu einer Informationsfülle, die ihnen andernfalls versperrt wäre. Gleichzeitig können Computer aber aus Elternsicht auch den Sozialkontakt zwischen den Kindern beeinträchtigen, ihre Gruppenerfahrungen reduzieren und dem Anspruch nach Erziehung zur Sozialfähigkeit zuwiderlaufen. Beide Wahrnehmungen entspringen ein und derselben (Eltern-) Perspektive, beide sind zulässig und dennoch weichen sie stark voneinander ab.

Ähnlich ist es mit der Metapher vom Glas, das zur Hälfte mit Wein gefüllt ist. Der Pessimist sieht es an und behauptet, es sei halb leer. Der Optimist betrachtet es und meint, es sei halb voll. Der Technikberater schaut es sich an und behauptet, der Glasanteil sei zu hoch, während der Winzer lakonisch dazu meint, dass es sich um Rotwein handelt.

Als die Zahl der britischen Schüler mit höheren Abschlüssen zunahm, wurde diese Entwicklung von vielen Menschen begrüßt, weil sie überzeugt waren, dass die besseren Schulabschlüsse die Chancen der Schulabgänger auf dem Arbeitsmarkt erhöhten. Andere hingegen beklagten, dass die Prüfungen immer einfacher würden; sie meinten, Anzeichen einer

„Verdummung" zu erkennen, und verlangten nach neuen Testverfahren, mit denen man die Elite des Landes ausfindig machen könnte.

Meinungsabweichungen ergeben sich auch aus unterschiedlichen Erfahrungen. Ein Lehrer, der an einer Schule in einem sozialen Brennpunkt unterrichtet, macht andere Erfahrungen als ein Kollege, der in einer besseren Wohngegend arbeitet.

Wir stellen beispielsweise fest, dass der „Denkunterricht" als eigenes Schulfach sichtbar auf das Selbstwertgefühl und das Verhalten der Schüler gerade in sozial schwachen Regionen wirkt. Die jungen Leute fühlen sich dank ihrer geschulten Denkfähigkeiten eher in der Lage, ihr Leben selbst zu bestimmen, Entscheidungen zu treffen und Pläne zu schmieden. In den besser situierten Gegenden wirkt sich der Denkunterricht eher auf die Arbeitshaltung als auf das Verhalten aus.

Die Erfahrungen von jemandem, der eine gescheiterte Ehe hinter sich hat, sind gänzlich anders als die von jemandem, der glücklich verheiratet ist.

Ich erinnere mich an eine junge Australierin, Katie, die mir einmal erzählte, in einer idealen Ehe solle eine Frau ihren Mann bewundern und er sie dafür schätzen. Wann immer ich sie zitiere, ernte ich damit die unterschiedlichsten Reaktionen: „Es muss genau anders herum sein"; „Das Verhältnis muss ausgewogener sein" etc. Diese unterschiedlichen Reaktionen basieren auf verschiedenartigen Erfahrungen, auf persönlichen Erlebnissen oder auch auf Erlebnissen aus zweiter Hand, beispielsweise Berichten, die man gelesen oder gehört hat.

Gerade was die Zukunft angeht, können die Meinungen gewaltig auseinander gehen. Niemand kann mit Sicherheit sagen, wie die Zukunft aussehen wird. Man kann einige ungefähre Vorstellungen aus dem ableiten, was die Vergan-

genheit gezeigt hat und Forschungen nahe legen. Dennoch
ergeben sich so bestenfalls Trends für zukünftige Entwicklungen. Letztlich aber können wir nur raten, was sein wird.
Persönliche Erfahrungen und bestimmte Spezialkenntnisse
sind bisweilen eine Hilfe.

Angenommen, jemand schlägt eine neue Form der Ehe-
schließung vor, bei der die Partner einen Vertrag schließen,
der zunächst nur für fünf Jahre gilt und danach verlängert
werden kann, wenn beide Partner es wünschen. So ein Ver-
tragswerk müsste natürlich eine Regelung in Bezug auf die
Kinder enthalten, die während der fünf Jahre geboren werden. Was würde geschehen? Wie würde sich diese Regelung
auf die Gesellschaft auswirken? Was würde sich für Männer
und Frauen ändern? Was würde es für die Kinder bedeuten?

Das „Urteil", ob es sich hierbei um einen vernünftigen
Vorschlag handelt oder nicht, hängt von den persönlichen
Wertvorstellungen und Erfahrungen ab. Auf jeden Fall aber
gilt es nur für uns und unsere jeweilige Sichtweise der Zukunft. Man muss über die möglichen Folgen nachdenken,
bevor man den Wert des Vorschlags beurteilen kann. Und
diese möglichen Folgen können unterschiedlich sein, wie die
Wirkung des neuen Regelwerks nicht in allen Fällen dieselbe
ist. Für manche Eheleute mag eine solche Regelung besser
sein, für andere schlechter. Man könnte behaupten, glücklich
Verheiratete würden eben einfach den Vertrag verlängern,
während unglückliche Ehen problemlos aufgelöst werden
könnten. Andere sehen darin vielleicht einen Vorteil für
verantwortungslose Partner, die von einer Ehe in die nächste
ziehen etc.

Abweichende Standpunkte klar vertreten

Wichtig ist vor allem, dass man seinen abweichenden Standpunkt klar darstellt.

- „Ich denke, dass eine Preiserhöhung den Umsatz steigert. Sie glauben dagegen, dass erhöhte Preise den Umsatz mindern würden."
- „Ich bin überzeugt, dass man ‚Denken' als Fertigkeit direkt in den Schulen unterrichten kann. Sie sind überzeugt davon, dass man Denken nicht gezielt unterrichten kann, sondern dass es in der Beschäftigung mit anderen Themen gefördert und geschult wird."
- „Sie glauben, drakonische Strafen sind das beste Mittel gegen Kriminalität. Ich denke dagegen, dass man die Jugendkriminalität eindämmen kann, indem man den Jugendlichen alternative Methoden aufzeigt, wie sie zu Erfolgserlebnissen kommen."

Stellen Sie die beiden abweichenden Standpunkte einander gegenüber und versuchen Sie dabei, so ehrlich und genau wie möglich zu sein. Lassen Sie sich von Ihrem Gegenüber bestätigen, dass Sie die abweichenden Punkte korrekt dargestellt haben. Falls nötig, bitten Sie den Gesprächspartner darum, seinerseits eine Zusammenfassung der unterschiedlichen Meinungen zu geben.

Die Gründe für abweichende Standpunkte benennen

Nachdem klar ist, worin sich die Meinungen unterscheiden, besteht der nächste Schritt darin, die Gründe für die abweichenden Standpunkte möglichst genau zu benennen.

- „Ich glaube, Sie betrachten die Sache aus dem Blickwinkel ... und ich sehe sie so ... ." Wichtig ist, dass Sie die unterschiedlichen Sichtweisen so klar wie möglich darstellen.

- „Wir betrachten die Angelegenheit aus zwei unterschiedlichen Perspektiven. Meine Perspektive ist die .... und
ich denke, Ihre ist ...“
- „Unsere Differenzen gehen wahrscheinlich auf persönliche Vorlieben zurück. Sie mögen kluge Menschen, und
ich ziehe charmante vor.“
- „Wir setzen hier unterschiedliche Wertmaßstäbe an. Ich
bemesse die Sache nach ... und Sie legen vor allem Wert
auf ...“
- „Unsere unterschiedlichen Sichtweisen liegen wahrscheinlich in unseren persönlichen Erfahrungen. Ich
habe die Erfahrung ... gemacht, Sie haben möglicherweise anderes erlebt.“
- „Wir scheinen die zukünftige Entwicklung unterschiedlich einzuschätzen. Meine Sichtweise basiert auf ..., Ihre
Einschätzung scheint auf ... zu gründen.“

Abweichungen akzeptieren

Bevor man einen abweichenden Standpunkt akzeptiert, sollte
man versuchen, die unterschiedlichen Sichtweisen miteinander zu versöhnen. Manchmal zeigt sich, dass beide Ansichten
gleichermaßen Gültigkeit haben, sich aber auf verschiedene
Aspekte einer Situation beziehen.

„Ich kann akzeptieren, dass in vielen Vergehensfällen
harte Strafen durchaus einen abschreckenden Wert haben,
aber bei der Jugendkriminalität halte ich eine andere Herangehensweise für besser: Man muss den Jugendlichen vor
allem die Chance auf Erfolgserlebnisse geben.“

Das Vertreten eines abweichenden Standpunkts ähnelt
in weiten Teilen dem Äußern von Zustimmung (siehe Kapitel 1). Manchmal stellt sich heraus, dass die beiden Parteien
gar nicht über dieselbe Sache sprechen. Im Falle des halb

gefüllten Weinglases etwa liegt der Schwerpunkt einmal darauf, wie viel Wein schon getrunken wurde, während im anderen Fall der verbliebene Wein im Vordergrund steht.

Wie im Beispiel vom besten Weg von A nach B kann eine klare Definition dessen, was man darunter versteht, zwei abweichende Standpunkte versöhnen. Eine Meinung ist eine Form des Urteilens. Und worauf basiert dieses Urteil? Geht es uns darum, was für die Gesellschaft im Allgemeinen oder was für uns persönlich gut ist?

Unterschiedliche persönliche Erfahrungen können gemeinsam ausgewertet werden. Vielleicht ist eine Erfahrung durchaus nachvollziehbar, ihre Interpretation muss aber nicht notwendig die einzig richtige sein. Vielleicht begehen Jugendliche in sozial schwachen Regionen mehr Verbrechen, aber nicht weil sie ihre wirtschaftlichen Bedürfnisse auf andere Weise nicht befriedigen können, sondern weil sie in der Clique mehr Geborgenheit finden als in ihren Familien – und viele dieser Cliquen fördern die Kriminalität.

Abweichende Vorstellungen über die Zukunft können überprüft werden, indem man sich auf vergleichbare Situationen beruft.

„Als Firma XY den Preis für dieses Parfum anhob, stieg der Umsatz tatsächlich."

Konkrete Beispiele aus der Vergangenheit können ebenfalls hilfreich sein, auch wenn einige von ihnen aussagekräftiger sein mögen als andere. So muss die Preiserhöhung für ein Parfum nicht unbedingt ein gutes Beispiel dafür sein, wie sich die Anhebung eines Zeitschriftenpreises auswirken wird.

Auch durch Forschungen und zusätzliche Informationen können Differenzen hinsichtlich der Zukunft ausgeräumt werden. Natürlich kann man nie sicher sein, was die Zukunft bringen wird, aber einige Vermutungen sind dennoch nahe liegender als andere. Das Ziel sollte immer sein, gemeinsam an einer Zukunftsprognose zu arbeiten.

Nachdem man sich ernstlich bemüht hat, die abweichenden Standpunkte zu versöhnen, kann es manchmal auf eine „Einigung darauf, sich nicht einig zu sein" hinauslaufen. Eventuell kommt man zu dem Schluss, dass die Meinungen aufgrund unterschiedlicher Prioritäten oder Wertvorstellungen einfach zu sehr auseinander streben. Aber zumindest sind die Gründe für die Differenzen nun allen Beteiligten klar.

Abweichende Standpunkte sind nichts Schlechtes. Vielmehr wirken sie oft bereichernd, und die Klärung der unterschiedlichen Werte und Erfahrungen kommt der Diskussion insgesamt zugute. Es geht nämlich nicht darum, alle Differenzen auf Biegen und Brechen zu „beseitigen", weil abweichende Meinungen per se schlecht oder unerwünscht sind, sondern das Thema gründlicher zu erforschen, indem man die Gründe für die unterschiedlichen Standpunkte ermittelt.

Es gibt nicht Schlimmeres als „verborgene" Differenzen, wenn beide Parteien glauben, über ein und dieselbe Sache zu reden, sie von demselben Standpunkt aus zu betrachten und mit identischen Wertvorstellungen und Erfahrungen an die Sache heranzugehen – obwohl das nicht stimmt. Solche Missverständnisse ziehen oft die heftigsten und ärgerlichsten Auseinandersetzungen nach sich. Denken wir bloß an das Beispiel von den Zeugen vor Gericht, die angeben müssen, ob der Unfall von einem weißen oder einem schwarzen Auto verursacht wurde. Hier könnte es gar nicht zu den vermeintlichen Falschaussagen kommen, wenn alle Beteiligten sich im Vorfeld darin einig wären, dass ein Auto gleichzeitig schwarz und weiß sein kann.

WIE MAN EINEN ABWEICHENDEN STANDPUNKT VERTRITT

1. Es kommt vor, dass nur einer von verschiedenen Standpunkten richtig sein kann. Dies ist immer dann der Fall, wenn es um eine überprüfbare „Wahrheit" geht.
2. Weit häufiger jedoch können mehrere Ansichten zulässig sein.
3. Unterschiedliche Standpunkte entstehen unter anderem aus der unterschiedlichen Definition dessen, wonach zu urteilen ist (z. B. der „beste Weg").
4. Differenzen ergeben sich auch aus persönlichen Vorlieben, Geschmäckern oder Entscheidungen.
5. Unterschiedliche Wertvorstellungen können ebenfalls Differenzen zur Folge haben.
6. Stimmen Standpunkte oder Perspektiven nicht überein, kann dies zu abweichenden Meinungen führen.
7. Doch auch bei gleicher Perspektive lassen sich Meinungsabweichungen nicht ausschließen.
8. Differenzen können aus unterschiedlichen Erfahrungen oder verschiedenartigen Wissensgrundlagen erwachsen.
9. Unterschiedliche Einschätzungen zukünftiger Entwicklungen können zu Meinungsabweichungen führen.
10. Versuchen Sie, die Gründe für abweichende Standpunkte möglichst klar darzustellen, indem Sie die unterschiedlichen Sichtweisen miteinander vergleichen.
11. Ergründen und erklären Sie die Ursachen für die abweichenden Meinungen.
12. Versuchen Sie, die unterschiedlichen Standpunkte miteinander zu versöhnen, und einigen Sie sich mit dem Gesprächspartner darauf, in welchen Punkten Sie mit ihm übereinstimmen und in welchen nicht.

4
Wie man interessant wirkt

Interessant zu wirken, ist viel wichtiger, als in einer Auseinandersetzung zu siegen. Und es hat ebenfalls einen deutlich
höheren Stellenwert, als zu zeigen, wie clever man ist. Wenn
Sie positiv auffallen, werden die Leute gern mit Ihnen zusammen sein. Sie suchen Ihre Gesellschaft und werden es
genießen, sich mit Ihnen zu unterhalten.

Vielleicht sind Sie interessant, weil Sie an einer Expedi-
tion in die entlegensten Amazonasregionen teilgenommen
haben, um dort einen Stamm zu besuchen, zu dem noch kein
Weißer vorgedrungen war.

Vielleicht wecken Sie Interesse, weil Sie allein einmal um
die ganze Welt gesegelt sind.

Vielleicht sind Sie interessant, weil Sie bei der DNA-
Erforschung über die frühesten Migrationsbewegungen der
Menschheitsgeschichte mitwirken.

Nehmen wir aber einmal an, Sie hätten bislang noch
nichts wirklich Spektakuläres getan und auch momentan
nichts besonders Aufregendes in Planung. Das ist ein bisschen unfair, denn ganz gleich, was Sie machen und wie be-
scheiden es wirken oder von Ihnen eingeschätzt werden mag,
es kann sehr wohl spannend sein.

Die erste Regel ist die, über etwas zu sprechen, in dem
Sie gut sind und das Sie interessiert. Das kann Ihr Beruf
oder Ihr Hobby sein. Außerdem müssen Sie sich auf zwei
unterschiedliche Arten von Zuhörern einstellen. Gruppe eins
besteht aus denjenigen, die über Ihr Spezialgebiet Bescheid
wissen. Vor solch einem Publikum bleibt es Ihnen überlassen, wie Sie das Thema auf interessante Weise ansprechen.

Der zweite Zuhörertyp besteht aus Menschen, die wenig über das Thema wissen und mehr erfahren möchten. Ihnen gegenüber sollten Sie vor allem für Fragen offen sein und sie zu beantworten versuchen.

Information

Wussten Sie, dass Gespenstheuschreckenweibchen keine Männchen brauchen, um Nachwuchs zu bekommen?

Bei den Seepferdchen ist die Emanzipation ebenfalls schon weit fortgeschritten. Das Weibchen produziert die Eier, die das Männchen dann befruchtet. Anschließend „übergibt" das Weibchen dem Männchen die befruchteten Eier, das sich dann allein um die Brutpflege kümmert.

Und im australischen Queensland gibt es eine Froschart, bei der die Weibchen die vom Männchen befruchteten Eier schlucken. Ihr Magen stellt die Produktion der Magensäure und sonstigen Verdauungssäfte ein, so dass die Eier sich dort entwickeln können. Sind die Eier fertig ausgebrütet, öffnet das Froschweibchen sein Maul, und die kleinen Frösche hüpfen hinaus.

Sie sehen, ungewöhnliche Informationen können recht spannend sein. Sie sammeln sie, indem Sie sich Dinge merken, die Sie in Zeitungen oder Magazinen lesen. Natürlich können Sie sich auch ein spezielles Thema aussuchen und sich auf diesem Gebiet gezielt weiterbilden, seien es die Zulu-Kriege, Yachtdesign, Familienstrukturen in Kasachstan etc.

Fürs Erste allerdings gehen wir davon aus, dass Sie nicht über Spezialinformationen verfügen und auch nichts wirklich Außergewöhnliches tun. Wie können Sie trotzdem interessant wirken?

Was wäre, wenn?

„Was wäre, wenn man Hunden das Sprechen beibringen könnte? Was geschähe dann?"

Zum einen wäre es wohl ungleich schwieriger, Familiengeheimnisse zu hüten, wenn der Familienhund alle Interna an die Nachbarsvierbeiner weiterträgt. Zum anderen müssten wir damit leben lernen, dass unsere Hunde uns widersprechen. Würde man seinem Hund beispielsweise befehlen, er solle aus dem Zimmer gehen, könnte er zurückfragen: „Warum sollte ich?" Unsere Vierbeiner könnten uns berichten, ob ihnen das Futter schmeckt, das wir ihnen vorsetzen, und wann sie hungrig sind.

Darüber hinaus könnte man dem Hund kleinere Pflichten auftragen, z. B. Botengänge zu erledigen. Und sollte jemand längere Zeit vor unserem Haus herumstehen, könnte der Hund hingehen und fragen: „Entschuldigung, was wollen Sie hier?" Einzelkinder hätten im Familienhund einen Freund, mit dem sie sich unterhalten können. Dasselbe würde für alte Menschen gelten.

Sprechende Hunde könnten allerdings auch auf die Idee kommen, das Wahlrecht zu fordern oder gar selbst für bestimmte Posten zu kandidieren. Das Fernsehen und anderen Werbemedien würden sich darauf einstellen, dass Hunde ihre Halter in ihrem Kaufverhalten beeinflussen könnten. Besonders begabte Hunde könnten als Reporter für Zeitungen arbeiten und ihre Artikel per Stimmerkennungs-Software zu Papier bringen.

- „Was wäre, wenn China zur weltweit führenden Wirtschaftsmacht wird?"
- „Was wäre, wenn das Klonen von Menschen machbar wäre und relativ wenig kosten würde?"

- „Was wäre, wenn die Zunahme der HIV-Infektionen bei uns ähnlich dramatische Ausmaße annähme wie in Afrika?"
- „Was wäre, wenn sich unterschwellige Werbebotschaften im Fernsehen als ausgesprochen wirkungsvoll erwiesen?"
- „Was wäre, wenn wir alle in einem neuen Code statt in den bisher bekannten Sprachen sprechen würden?"
- „Was wäre, wenn jeder dieses Buch läse?"

Die „Was-wäre-wenn-Frage" ist letztlich ein Spiel mit Ideen. Da diese Ideen sämtlich in die Zukunft gerichtet sind, gibt es keinerlei Möglichkeit, ihren Wahrscheinlichkeitsgrad zu bestimmen. Gerade deshalb sollten sie so „logisch" wie möglich angegangen werden. Hier und da ist es natürlich erlaubt und erwünscht, die eine oder andere witzige Idee einzuflechten, damit das Ganze mehr Spaß macht.

Diese spielerische Herangehensweise kann auch in ganz normalen Situationen zu überaus anregenden und interessanten Unterhaltungen führen.

„Was wäre, wenn man Topmanager vom ersten Tag im Unternehmen an auf ihren späteren Spitzenposten vorbereiten würde?"

In Frankreich werden Jurastudenten, die später als Richter arbeiten wollen, von Anfang an für ihre künftige Arbeit ausgebildet. In Großbritannien hingegen werden erfolgreiche Anwälte ausgewählt und gefragt, ob sie das Richteramt übernehmen wollen – was sie häufig ablehnen, da es für sie deutliche Einkommenseinbußen mit sich bringt.

Möglichkeiten und Alternativen

In den meisten Unterhaltungen und Diskussionen strebt man nach Gewissheit: „So ist es", „So ist es nicht", „So sollte es sein (oder nicht)."

Wer Alternativen und andere Möglichkeiten aufzuzeigen versteht, kann ein Gespräch deutlich interessanter machen. Diese Möglichkeiten können dann geprüft werden und es ist auch kein Problem, wenn man sie am Ende verwirft.

„Vielleicht kann man die Steuergelder anders verwalten. Der Steuerzahler sollte bei bis zu der Hälfte der Ausgaben ein Mitbestimmungsrecht haben, wofür das Geld verwendet wird (Gesundheit, Bildung, Verteidigung etc.). Auf diese Weise bekämen wir eine Art Wahlrecht über die Steuer."

Für erkannte Probleme oder Konfliktsituationen können alternative Lösungen angeboten werden. Sobald ein mögliches Szenario vorgeschlagen wurde, diskutiert man es.

Zirka 150.000 Menschen wurden beim Algerienkonflikt getötet. Ungefähr 56.000 Menschen fielen den Unruhen in Sri Lanka zum Opfer. Um die 39.000 Menschen starben im Kolumbien-Konflikt. Gäbe es eine bessere Art, wie man diese Konflikte lösen könnte – auch für Kaschmir, Nordirland, Israel etc.? Wie könnte die UNO anders auf diese Regionen einwirken?

Ein australischer Arzt äußerte den Verdacht, dass Magengeschwüre durch Infektionen hervorgerufen werden könnten. Zuerst wurde er einfach nur belächelt, doch dann stellte sich heraus, dass er Recht hatte. Menschen, die früher jahrelange mit Säureblockern behandelt werden mussten, konnte nun innerhalb von vierzehn Tagen geheilt werden. Heikle Operationen, bei denen Teile des Magens oder sogar der gesamte Magen entfernt wurden, waren auf einmal unnötig.

Auch der wissenschaftliche Fortschritt hängt von Hypothesen und alternativen Möglichkeiten ab.

Studien belegen, dass in den USA fünfundsiebzig Prozent der Menschen ihre Ehepartner an der Arbeitsstelle kennen lernen. Das scheint die Partnerauswahl ziemlich einzuschränken. Welche anderen Alternativen könnte es geben: das Internet, Zeitungsannoncen, Partnervermittlungen, Heiratsvermittler etc.?

In römisch-katholischen Ländern scheint die Selbstmordrate besonders niedrig zu sein. Liegt es daran, dass die Religiosität die Suizidneigung reduziert, oder daran, dass Selbstmörder nicht auf einem kirchlichen Friedhof beigesetzt werden dürfen und Suizide daher öfter vertuscht werden?

In jüngster Zeit wurde festgestellt, dass im europäischen Vergleich in Spanien die Geburtenrate besonders zurückgegangen ist, obwohl hier der überwiegende Teil der Bevölkerung römisch-katholisch ist und die römisch-katholische Kirche die Empfängnisverhütung verbietet. Was sind die Gründe dafür?

Dicke Menschen wirken oft glücklich. Ist das eine Illusion? Hängt es damit zusammen, dass dieselben Hormone, die sie dick machen, sie auch zufrieden machen? Essen sie mehr, weil sie glücklich sind? Oder geben sie sich nach außen hin glücklich, weil sie darin ihren Beitrag zur Gesellschaft sehen?

Fängt man erst einmal an, nach Alternativen und Möglichkeiten zu suchen, wird praktisch jedes Thema interessant und diskussionswürdig.

Spekulation

Ich kannte einmal einen sehr berühmten Philosophen. Wir waren gut befreundet, gerieten im Gespräch allerdings immer wieder aneinander, weil wir so unterschiedlicher Meinung darüber waren, wie eine Unterhaltung auszusehen hätte.

Seine Vorstellung von einer guten Unterhaltung bestand darin, dass man sich gleich zu Beginn über die präzisen Sprachregelungen verständigen sollte. Am Ende des Gesprächs würde man dann sehen, ob die Schlussfolgerungen den anfänglichen Definitionen entsprachen oder nicht.

Meine Vorstellung von einem Gespräch ähnelt eher der „Kamintechnik" der Bergsteiger, sprich: man öffnet sich mit jedem Schritt neuen Möglichkeiten und neuen Ideen. Diese konnten natürlich nur spekulativ sein, doch am Ende hatte man dann einen ganzen Garten voller neuer Pflanzen vor sich.

Viel zu viele Menschen glauben, dass wir uns in unserem Denken und Sprechen ausschließlich mit der „Wahrheit" befassen sollten. Es mag ja richtig sein, dass wir nur der Wahrheit vertrauen und uns ihr gemäß verhalten sollten, aber um dorthin zu gelangen, müssen wir eventuell unbekannte Möglichkeiten erforschen, so wie die Wissenschaft Hypothesen braucht.

Außerdem sollten Gespräche einen Unterhaltungswert haben. Nun liegt Letzterer bei Spekulationen deutlich höher als bei Wahrheiten. Mit Ideen zu spielen, ist nämlich sowohl interessant als auch unterhaltsam.

Gibt es weniger Künstlerinnen als Künstler, weil Frauen ernster sind und sich mehr um konkrete Belange wie die Kindererziehung kümmern müssen, während Männer verantwortungsloser, frivoler und egoistischer sein können?

Zusammenhänge

Um Zusammenhänge herzustellen, muss man Möglichkeiten, Alternativen und Spekulationen miteinbeziehen.

Besteht eine Verbindung zwischen der hohen Selbstmordrate unter chinesischen Frauen und der durch den Staat durchgesetzten „Ein-Kind-Regelung"?

Gab es einen Zusammenhang zwischen der sehr erfolgreichen Gestaltung der Olympischen Spiele 1984 in Los Angeles durch Peter Überroth und dem Vortrag, den ich 1975 vor der Young Presidents Organization in Boca Raton hielt? Laut Peter Überroth gab es diese Verbindung durchaus, und er nutzte die kreativen Techniken des lateralen Denkens, um die neuen Konzepte zu entwerfen, die die Spiele so erfolgreich machten.

Besteht ein Zusammenhang zwischen der hohen Zahl von Teenager-Schwangerschaften in Großbritannien und der staatlichen Fürsorgepolitik, die Müttern mit Kindern bevorzugt Wohnraum zuweist?

Es ist einfach, Zusammenhänge zu sehen, wo gar keine sind. Beispiele dafür sind Verschwörungstheorien oder alle möglichen Unterstellungen finsterer Machenschaften. Auf der anderen Seite schadet es nicht, mögliche Zusammenhänge zu erforschen, solange man sie nicht ernst nimmt, bevor man sie nicht wirklich nachweisen konnte.

Kreativität und neue Ideen

Wer eine Examensarbeit korrigiert, in der ein Student eine neue Idee präsentiert, wird diesem Kandidaten automatisch einen Bonus gegenüber anderen geben. Die übrigen Zulassungsschriften mögen sehr kompetent sein – aber eher langweilig. Neue Ideen entwickeln schon deshalb eine gewisse Leuchtkraft, weil sie anders sind.

Bei Gesprächen verhält es sich genauso. Die meisten Leute können sachlich, kompetent und zugleich reichlich langweilig sein. Neue Ideen werden selten geäußert, weil uns in der Schule zwar analytische Fähigkeiten und Urteilsvermögen beigebracht wurden, nicht aber Kreativität.

Immer wieder wird behauptet, Kreativität sei eine Art mystisches Talent, über das einige Menschen verfügen und um das alle anderen sie beneiden. Weit gefehlt! Zu den wesentlichen Funktionen des menschlichen Gehirns gehört es, eingehende Informationen aufzunehmen und zu festen Mustern zusammenzustellen. Könnte unser Gehirn das nicht, wäre das Leben unerträglich kompliziert und langsam. Also identifizieren wir Situationen und wenden unsere festen Muster auf sie an. Das ist das Gegenteil von Kreativität. Doch statt auf kreative Inspiration zu warten, sollten wir Denkmethoden haben, die sich erlernen und bewusst anwenden lassen. Aus diesem Grund habe ich die Methode des „lateralen Denkens" entwickelt. Heute findet man diesen Terminus in beinahe jedem gängigen amerikanischen Wörterbuch, und die Methode wird weltweit angewandt, in der Wirtschaftswelt ebenso wie im Bildungswesen. Die Technik arbeitet unter anderem mit Provokation, Konzeptgewinnung, willkürlichen Eingaben etc., und baut vor allem auf dem Verständnis für das Verhalten von selbstständig organisierten Systemen auf.

In vielen dieser selbstständig organisierten Informationssysteme besteht ein „mathematischer" Bedarf an Provokation. Ich habe dafür das Kürzel „po" (für provokative Operation) eingeführt, mit dem signalisiert wird, dass eine Provokation folgt.

Eine Fabrik an einem Fluss leitet ihr Abwasser ungeklärt in den Fluss. Die Menschen weiter unten am Fluss leiden unter dieser Verschmutzung. Also folgt daraus eine Provokation nach dem Muster: „po, die Fabrik liegt stromabwärts von sich selbst."

Das scheint auf den ersten Blick komplett unmöglich und unlogisch zu sein. Doch aus diesem provokativen Ansatz heraus entwickelt sich die perfekte praktische Idee: Wer eine Fabrik an einen Fluss baut, muss sich selbst stromabwärts von seinen eigenen Einleitungen sehen – sprich: sich in erster Linie darum kümmern, dass das Wasser nicht verschmutzt wird oder bereits vorhandene Schädigungen beseitigt werden.

„po, die Menschen sollen im Voraus ihr eigenes Sterbedatum festlegen."

Hierbei handelt es sich um eine Provokation, die ich in einem Treffen mit renommierten Ökonomen vorbrachte, die über neue Rentenpläne diskutierten.

Kreativität ist eine Fertigkeit und eine Frage der Gewohnheit. Man muss diese Fertigkeit lernen und so lange üben, bis sie zur Gewohnheit wird. Doch selbst ohne besonderes kreatives Können kann man immer noch bestrebt sein, neue Ideen zu entwickeln und vorzutragen. Auch wenn man damit sonst nichts erreicht, kann man so zumindest einen Ansatzpunkt für ein neues Gespräch liefern.

Eine ausgesprochen nützliche Angewohnheit

„Das ist wirklich interessant." Mit dieser Formulierung können Sie punkten, denn Sie können sie auf so ziemlich alles anwenden, was in einem Gespräch zum Thema wird. Statt also vom Hundertsten ins Tausendste zu kommen, stoppen Sie an einem bestimmten Punkt, mit dem Sie sich genauer befassen wollen. Sie gehen diesem Sachverhalt nach, spüren Möglichkeiten und Alternativen auf, und können so Zusammenhänge herstellen.

Es ist, als hätten Sie einen Bogen und einen Köcher voller Pfeile. Sie können nun zu jedem beliebigen Zeitpunkt einen Pfeil in den Bogen einlegen, auf einen bestimmten Punkt zielen und schießen: „Das ist wirklich interessant!"

Natürlich sollten Sie schon erklären können, warum Sie dieses Thema so spannend finden. Also legen Sie die interessanten Aspekte dar und laden damit automatisch Ihr Gegenüber ein, bei der näheren Erkundung des Themas dabei zu sein. Es lohnt sich, diesen Satz bewusst als aufmerksamkeitslenkendes Werkzeug einzusetzen. Denn in einem wirklich anregenden Gespräch reicht es nicht, einfach abzuwarten, bis man über etwas Außergewöhnliches „stolpert". Aufmerksamkeit will vielmehr bewusst „dirigiert" sein.

Übungen

Interessiert und interessant zu sein – das geht Hand in Hand. Deshalb sollten Sie es sich zu Gewohnheit machen, sich für fast alles zu interessieren. Diese Geisteshaltung erreicht man nur, indem man sie gezielt übt. Ein ganz einfaches Training besteht darin, sich verschiedene Dinge vorzunehmen und zu versuchen, sich wirklich von ihnen faszinieren zu lassen. Stellen Sie sich vor, Sie würden über eines der unten aufgeführten Themen sprechen. Was würden Sie sagen?

- Frösche,
- Demokratie,
- Flughäfen,
- Kaugummi,
- Flaggen,
- Lenkräder,
- Kindergarten,
- Werbung,
- Königshäuser,
- Rührei.

Sie können diese Übung entweder allein oder mit anderen durchführen. Schreiben Sie dafür jeweils ein Wort auf ein kleines Stück Pappkarton, und werfen Sie alle Kartons in einen Beutel. Nun ziehen Sie blind eine Karte aus dem Beutel, und jeder versucht, etwas Interessantes zum jeweiligen Thema zu sagen.

WIE MAN INTERESSANT WIRKT

1. Es ist immer wichtig, zur Wahrheit vorzudringen, aber interessant zu wirken, hat eine höhere Priorität, als bei einer Auseinandersetzung die Oberhand zu gewinnen.
2. Von Interesse kann alles sein: ungewöhnliche Dinge, die Sie früher getan haben, mit denen Sie sich derzeit beschäftigen oder mit denen Sie sich gut auskennen. Interessant kann aber auch die Art sein, wie Sie ein Gespräch führen.
3. Die „Was-wäre-wenn-Technik" kann neue Möglichkeiten und neue Denkwege eröffnen.
4. Nach neuen Sichtweisen und Alternativen zu suchen, kann eine Unterhaltung sehr bereichern. Normalerweise gibt es immer mehr als eine Art, wie man Dinge tun oder über Dinge denken kann.
5. Spekulationen sind auf die Zukunft ausgerichtet und eröffnen damit gedankliches Neuland. Beschreibungen hingegen blicken immer nur zurück.
6. Indem man Zusammenhänge aufspürt und herstellt, schafft man Verbindungen zwischen den Dingen und weckt Interesse.
7. Neue Ideen sind selten und frischen jede Diskussion auf. Streben Sie nach Kreativität und der Entwicklung neuer Ideen. Lernen Sie die Techniken des lateralen Denkens kennen, und praktizieren Sie sie.

8. Provokation ist eine nützliche Methode, um neue Ideen hervorzulocken. Stellen Sie eine Behauptung auf, von der Sie wissen, dass sie entweder falsch oder unmöglich ist, um neue Denkweisen zu provozieren.

9. Eignen Sie sich den Satz „Das ist wirklich interessant" als eine Art geistiges Werkzeug an. Und seien Sie bereit, ihn auf alles anzuwenden, was Sie hören.

10. Versuchen Sie, jedem Thema, dem Sie nachgehen und das Sie näher ausführen können, etwas Interessantes abzugewinnen. .

11. Bleiben Sie im Training und machen Sie immer wieder einfache Übungen, mit denen Sie Ihre Fähigkeit entwickeln, Interesse zu wecken.

12. Wenn jemand einen interessanten Gedankengang vorbringt, gehen Sie darauf ein und versuchen Sie, ihn mit dem Gesprächspartner gemeinsam weiterzuverfolgen.

5
Wie man antwortet

Im Allgemeinen lassen sich die Zielsetzungen einer jeden Diskussion, eines jeden Diskurses und eines jeden Gesprächs wie folgt zusammenfassen:

1. Zu einer Einigung finden. Dieses Ziel kann sich aus dem Wunsch beider Parteien ergeben, die Wahrheit zu ergründen oder das weitere Vorgehen zu planen.
2. Differenzen aufzeigen und klären. Dazu gehört auch das Erörtern der Ursachen für die bestehenden Unstimmigkeiten (Wertvorstellungen, Erfahrungen, Standpunkte etc.).
3. Eine Diskussion so interessant und unterhaltsam wie möglich gestalten.

So sehen die üblichen Strategien oder Zielsetzungen aus. In der Praxis kommen dann jedoch eine Menge Aktivitäten ins Spiel, die sich aus dem Moment ergeben. Genau darum geht es in diesem Kapitel. Welche unmittelbare Reaktion, Antwort oder Erwiderung folgt auf etwas, das von unserem Gegenüber vorgebracht wurde?

Einige der beschriebenen Antworten wurden bereits in den vorangegangenen Kapiteln behandelt.

- Sie können dem zustimmen, was gesagt wurde. Das heißt: Sie können vollkommen zustimmen, teilweise zustimmen und mit dem Vorbehalt zustimmen, dass das Gesagte noch einige Modifikationen erfährt.

- Sie können von dem abweichen, was gesagt wurde. Hier müssen Sie genau aufzeigen, wo Ihre Sicht der Dinge anders ist und warum. Die andere Partei muss wissen, in welchen Punkten Sie von ihrem Standpunkt abweichen.
- Sie können dem widersprechen, was gesagt wurde. Sie können den Fakten, den Werten, den Erfahrungen, den Schlussfolgerungen und den vorgetragenen „Gewissheiten" eine Absage erteilen. Auch hier müssen Sie jedoch wieder hinlänglich klarmachen, welchen Punkten Sie warum widersprechen.
- Sie können zu der Aussage als solcher oder zu einzelnen Teilen Alternativen und andere Möglichkeiten vorschlagen.
- Sie können auf einen „interessanten" Punkt hinweisen, den Sie dann weiterzuverfolgen versuchen.
- Sie können das Gehörte zusammenfassen und wiederholen, was Sie glauben, verstanden zu haben.

All diese Aspekte wurden in den vorherigen Kapiteln berücksichtigt und werden im weiteren Verlauf noch häufiger angesprochen werden. Dieses Kapitel allerdings befasst sich mit anderen Aspekten des Antwortens.

Klärung

Nur wenige Dinge sind lächerlicher als zwei Menschen, die aneinander vorbeireden, weil jeder von ihnen den anderen falsch verstanden hat. Das ist eine Verschwendung von Energie, Zeit und Nerven. Sollten Sie also den leisesten Zweifel haben, was die Aussage Ihres Gegenübers betrifft, müssen Sie um Klärung bitten.

- „Meinen Sie damit, ...“
- „Ich verstehe das so, dass Sie sagen ... Ist das korrekt?“
- „Ich bin nicht sicher, ob ich Sie richtig verstehe. Können Sie das bitte wiederholen?“
- „Mir ist nicht ganz klar, was Sie damit meinen. Könnten Sie es bitte noch mal sagen?“

Wir sprechen, weil wir kommunizieren und verstanden werden wollen, also macht es uns grundsätzlich nichts aus, uns wiederholen zu müssen, wenn das Gesagte der genaueren Klärung bedarf. Um Klarheit zu bitten, hat nichts mit Dummheit oder Begriffsstutzigkeit zu tun. Im Gegenteil: Man zeigt sich damit so sehr interessiert an dem Thema, dass man sichergehen möchte, alles richtig verstanden zu haben.

Wer nachfragt, kann die andere Person einfach freundlich auffordern, ihre Aussage zu wiederholen – eventuell in etwas einfacheren Worten –, oder selbst eine Version des Gesagten formulieren und sich dann die Richtigkeit bestätigen lassen.

„Ich verstehe Sie so, dass ... Ist es das, was Sie damit sagen wollen?“

Bestätigung

Bestätigung ist weit mehr als simple Zustimmung. Zustimmung kann man mit einem Kopfnicken oder einem „Ja“ signalisieren. Bestätigung hingegen bedeutet, dass Sie selbst eine Meinung äußern, die die Aussage des anderen bekräftigt. Wenn jemand sagt, er habe Hunger, können Sie dem verbal zustimmen. Geben Sie dieser Person jedoch etwas zu essen, gehen Sie noch einen Schritt über das bloße Zurkenntnisnehmen hinaus.

Eine Aussage lässt sich beispielsweise dadurch bestätigen, dass Sie Ihre eigenen Erfahrungen einbringen:

„Ich sehe das genauso. Meine Erfahrungen in den Schulen waren exakt dieselben. Zum Beispiel ..."

Sie können eine Aussage auch bestätigen, indem Sie Ihre Gefühle oder Empfindungen äußern:

„Ich empfinde zu dem Thema genauso wie Sie ..."

Eine weitere Möglichkeit, das Gesagte zu unterstützen, besteht darin, gemeinsame Wertvorstellungen oder moralische Prinzipien anzusprechen:

„Wir scheinen in dieser Angelegenheit dieselben Wertvorstellungen zu haben, weshalb ich Ihnen zustimme, dass ..."

Sie können eine Aussage auch mit Fakten, Zahlen oder Statistiken bestärken, die Ihnen zufällig bekannt sind:

„Ich habe Statistiken gelesen, die genau das bestätigen, was Sie gerade gesagt haben ..."

Sie können natürlich auch Geschichten, Beispiele oder Anekdoten beisteuern, durch die die Aussage des anderen bestätigt wird.

Was aber tun Sie, wenn Sie dem Gesagten nicht wirklich zustimmen, jedoch Beweise vorliegen haben, die die Argumentationskette Ihres Gegenübers bestärken? Sollten Sie stillschweigend darüber hinweggehen, wie es der Anwalt vor Gericht tun würde? Das entspräche wahrscheinlich unserer natürlichen Neigung, jemanden nicht willentlich in einer Aussage zu bestätigen, mit der wir nicht einverstanden sind. Und hier kommen wir an einen wichtigen Punkt. Es besteht nämlich ein Unterschied zwischen der aufrichtigen Erörterung eines Themas und den gängigen „Verhandlungstaktiken".

Verhandlungstaktiken, wie sie etwa im Gerichtssaal zur Anwendung kommen, sehen vor, dass Sie Ihren Fall darlegen, ihn verteidigen und die Verteidigungsversuche der anderen Partei entkräften. Seit Jahrhunderten haben wir diese Vorgehensweise als die bestmögliche Form akzeptiert, sich mit einem Thema auseinander zu setzen. Das ist sie jedoch bei weitem nicht, sie ist vielmehr primitiv und unhöflich. Eine viel bessere Methode finden Sie im letzten Kapitel dieses Buches.

Falls Ihnen also ein Argument einfällt, das die Aussage Ihres Gesprächspartners bestätigt, sollten Sie es auch vorbringen.

Angenommen, der Sprecher beklagt sich über den schlechten Service im Einzelhandel. Sie sagen daraufhin:

„Na ja, als ich neulich in einem Laden war und ..."

Nun erzählen Sie von Ihrem Erlebnis mit unfreundlichem Bedienungspersonal, wodurch Sie den Standpunkt des anderen bestätigen. Doch dann fügen Sie hinzu:

„Es gibt natürlich eine Menge Beispiele für schlechten Service, aber insgesamt denke ich, dass sich die Servicequalität in den letzten zehn Jahren beträchtlich verbessert hat."

Beispiele und Geschichten

Beispiele und Geschichten, die zu dem passen, was gerade diskutiert wird, bringen Leben und Realitätsnähe in die Unterhaltung. Ein Gespräch, das ausschließlich auf abstrakter, philosophischer Ebene geführt wird, kann äußerst langweilig sein.

Es ist klar, dass Geschichten nichts in dem Sinne beweisen können wie Statistiken. Eine Geschichte über einen einfallsreichen und fleißigen Teenager kann nicht als Beleg dafür gelten, dass alle Teenager einfallsreich und fleißig sind. Ebenso wenig widerlegt oder bestätigt sie Aussagen, wonach die meisten Teenager faul sind und nur ihren Spaß haben wollen. Geschichten können jedoch dazu dienen, grobe Verallgemeinerungen wirkungsvoll zu relativieren. Die Behauptung „Alle Teenager sind faul" kann zumindest auf ein „Manche Teenager scheinen faul zu sein" reduziert werden.

Abgesehen von der Lebendigkeit und Unmittelbarkeit, die sie ins Gespräch bringen, können Geschichten auch neue Wege illustrieren. Ein Lehrer erzählte mir beispielsweise von einem Schulhofrüpel, der durch den „Denkunterricht" vollkommen verwandelt wurde. Er zeigte mir einen Brief, den ihm der Schüler geschrieben hatte. Darin stand: „Ich dachte immer, ich könnte gar nichts, doch jetzt weiß ich, dass ich gut im Denken bin." Und das war er auch.

Solche Geschichten „beweisen" nichts, aber sie beschreiben eine Möglichkeit, nämlich die, dass Kinder, die in den normalen Schulfächern Probleme haben, ganz und gar nicht dumm sein müssen, sondern durchaus potenziell gute Denker sein können. Sobald sie das erkannt haben, steigt ihr Selbstwertgefühl und sie können auf provozierendes Verhalten verzichten.

Geschichten können auch Prinzipien illustrieren – ein gutes Beispiel dafür sind die Parabeln in der Bibel.

Jahrelang errechneten NASA-Experten mit komplizierten Kalkulationsmethoden, wie viel Raketentreibstoff noch in den Tanks war. Eines Tages schlug jedoch jemand vor, den Tank mit einem Fenster zu versehen, so dass man von außen den Treibstoffstand ablesen konnte.

Das Prinzip, dass es oft einfachere und direkte Wege gibt, um Dinge zu tun, beleuchtet auch die folgende Geschichte:

In Milet, im alten Griechenland, grassierte einst eine wahre Selbstmordepidemie. Junge Frauen erfuhren vom Selbstmord einer Freundin und folgten ihr sogleich in den Freitod. Diese Hysterie wurde von einem alten Mann im Senat gestoppt, der ein Gesetz einführte, dem zufolge die Körper von Selbstmördern nackt über den Marktplatz geschleift werden sollten. Diese Geschichte steht gleich für mehrere Prinzipien, eines davon ist die Bedeutung der Eitelkeit über den Tod hinaus.

Beispiele, die auf persönliche Erfahrungen fußen, sind besonders wirkungsvoll. Als ich ein junger Rhodes-Stipendiat in Oxford war, mussten die Studenten jeden Abend zu einer bestimmten Zeit im College sein. Fuhr man nach London zu einer Party und kam zu spät zurück, war das Tor zu und man musste über hohe Mauern klettern. Eines nebligen Abends kam ich spät aus London zurück. Ich wusste, dass ich zwei Mauern zu überwinden hatte. Also kletterte ich über zwei Wände – und befand mich wieder außerhalb des Colleges. Im dichten Nebel war ich an einer Ecke auf das College-Gelände und wieder nach draußen gestiegen. Selbst wenn man sicher ist, das Richtige und Korrekte zu tun – eine kurze Überprüfung lohnt sich also immer!

In meinem Bekanntenkreis erzählt man sich eine Geschichte über die Versandabteilung einer Fabrik, in der Zeitungen für die Verpackung verwendet wurden. Dummerweise verbrachten die Arbeiter zu viel Zeit damit, in den alten Zeitungen zu schmökern. Die Fabrikleitung löste das Problem, indem sie nur noch blinde Packer einstellte.

Auf einen Punkt aufbauen

Vielleicht spricht Sie in einem Gespräch ein bestimmtes Detail an. Mehr noch: Sie stimmen ihm nicht nur zu und möchten es bekräftigen, sondern Sie wollen genau genommen „auf diesen Punkt aufbauen".

Beispielsweise spricht jemand davon, dass „Kinder dringend Erfolgserlebnisse brauchen". Sie könnten diesen Aspekt bestätigen, indem Sie Statistiken zitieren, denen zufolge in den USA vierundneunzig Prozent aller Kinder den Erfolg als das Wichtigste in ihrem Leben angaben.

Das wäre eine Bestätigung. Nun bauen Sie auf diesen Punkt auf und versuchen herauszufinden, wie Kinder zu Erfolgserlebnissen kommen könnten. Wenn ein Kind weder in den herkömmlichen Fächern noch in Sport oder Musik über eine besondere Begabung verfügt, woher soll es dann seine Erfolgserlebnisse beziehen? Ein mögliches Gebiet wären Hobbies. Vielleicht sollten sich die Schulen viel stärker bemühen, den Kindern Hobbies nahe zu bringen und sie bei der Suche nach dem geeigneten Steckenpferd zu unterstützen.

In einem anderen Gespräch wird erwähnt, wie wichtig ein intaktes Selbstwertgefühl bei Kindern ist. Sie stimmen zu und bauen dann auf die Aussage auf, indem Sie eine neue Idee vorbringen. Wie wäre es, wenn alle Schulleiter bei der Abschlussfeier ein paar würdigende und vor allem persönliche Worte über jeden Schüler sagen würden, der seine Prüfungen bestanden hat? Sie könnten betonen, dass der Schüler ein freundliches oder liebenswertes Wesen hatte, besonders hilfsbereit war, dass er andere zum Lachen brachte etc. Eine solche Maßnahme hätte zur Folge, dass sich die Lehrer mehr den positiven Persönlichkeitsmerkmalen zuwenden und nicht nur den akademischen Anforderungen.

Ein Thema erweitern

Eine Idee wird geäußert. Sie können diese Idee nicht nur voll und ganz akzeptieren, sondern Sie möchten sie sogar noch erweitern.

Derjenige, der die Idee äußerte, ist sich vielleicht nicht all ihrer impliziten Möglichkeiten bewusst, weshalb Sie ihm helfen möchten, diese Aspekte zu erkennen. Auch hier bewegen Sie sich weit über die bloße Zustimmung hinaus. So entsteht das gemeinsame Bemühen, das Bestmögliche aus der Idee zu machen.

Im Veneto, einer Region im Norden Italiens, kommt angeblich auf elf Einwohner ein Unternehmen. Damit ist die

Region in dieser Hinsicht die wirtschaftlich erfolgreichste in der ganzen Europäischen Union. Was ist das Geheimnis dieses blühenden Kleinunternehmertums?

Ein typisches Problem bei der Gründung eines kleinen Unternehmens ist das hohe Risiko. Nun weist jemand im Gespräch auf die niedrigen Kreditzinsen in Italien hin, durch die es leichter wird, einen Betrieb zu gründen. Sie könnten nun das Thema „Risikominderung" erweitern, indem Sie noch einen zusätzlichen Aspekt ansprechen, nämlich die Tatsache, dass bei einem Konkurs in die Italien die Verluste als Steuervergünstigungen an andere Unternehmen „verkauft" werden können, wobei das andere Unternehmen durchaus branchenfremd sein darf.

Ein Thema weiterführen

Im Grunde handelt es sich hierbei um einen „Was-wäre-wenn-Prozess". Sie greifen einen Gedanken auf und führen ihn weiter, indem Sie ihn zunächst auf die Praxis übertragen und dann auf die Zukunft.

In einer Diskussion wird beispielsweise vorgeschlagen, jedem Wähler bei der Wahl eine positive und eine negative Stimme zu geben. Mit der negativen Stimme wählt er einen Kandidaten „ab", was so viel bedeuten soll wie: „Ich will diese Person auf keinen Fall in der Regierung sehen."

Sie stellen sich nun vor, wie diese Idee in der Praxis aussehen würde. Für Extremisten oder Tyrannen wäre es damit schwerer, an die Macht zu gelangen. Ihre Sympathisanten würden sie zwar nach wie vor wählen, aber alle anderen würden ihnen negative Stimmen geben, gegen die die positiven aufgerechnet würden. Ein Negativeffekt bestünde allerdings darin, dass die Wähler der einen Partei ihre negativen Stimmen der fähigsten Person in der Gegenpartei geben würden.

Etwas weiterzuführen, heißt, sich alle möglichen Konsequenzen und Szenarien auszumalen. Es findet also eine echte Auseinandersetzung statt – nicht bloß eine Suche nach Aspekten, die einen Standpunkt bestätigen.

Ich habe einmal vorgeschlagen, im Nahen Osten den Dienstag zum gewaltfreien Tag zu erklären. Für die Menschen dort würde es bedeuten, dass sie zumindest dienstags endlich entspannen könnten und sich auf diesen Dienstag freuen würden. Schon bald käme die Frage auf, warum nicht alle Tage wie der Dienstag sein könnten, und der Friedensimpetus würde deutlich gesteigert. Diese Idee hat übrigens einen historischen Vorläufer: In den Tagen Mohammeds wurde ein Wochentag zum „kriegsfreien" Tag erklärt, an dem man nur Kamele kaufen oder verkaufen und sonstigen Geschäften nachgehen durfte.

Auch hier haben wir es wieder mit gemeinsamen Bemühungen anstelle eines Schlagabtauschs zu tun.

Ein Thema modifizieren

Wurde ein Vorschlag gemacht, können Sie anbieten, ihn zu modifizieren. Vielleicht wollen Sie ihn ändern, weil Sie mit einzelnen Teilen nicht einverstanden sind. Diese Passagen würden Sie dann in Ihrer Version streichen und das Ganze damit für sich akzeptabler machen. Sie können aber auch eine Veränderung anregen, bei der Fehler oder Schwächen, die Ihnen auffallen, ausgemerzt werden. Und nicht zuletzt können Sie einen Vorschlag mit dem Ziel modifizieren, ihn dadurch stärker zu machen.

Eine der einfachsten Modifikationen besteht darin, eine grobe Verallgemeinerung innerhalb einer weniger absoluten Aussage abzumildern.

„Alle Sexualstraftäter gehören kastriert."

Diese Aussage ließe sich modifizieren in:

„Vielleicht sollte man sich Gedanken über eine Hormonbehandlung für einige Sexualstraftäter machen."

Es geht nicht um „deine Idee" oder „meine Idee". Sobald eine Idee vorgebracht wurde, ist sie da, um gemeinsam entwickelt und verbessert zu werden. Davon profitieren alle Beteiligten.

WIE MAN ANTWORTET

1. Die eigentliche Zielsetzung eines jeden Gesprächs ist die, einander zuzustimmen, einander zu widersprechen oder sich darauf zu einigen, sich nicht einig zu sein – vor allem aber will man eine nette und anregende Unterhaltung führen.

2. Wenn Sie auch nur den leisesten Zweifel an dem haben, was gesagt wurde, sollten Sie eine Klärung herbeiführen. Missverständnisse und ein Aneinandervorbeireden sind Zeitverschwendung und Energievergeudung.

3. Bestätigung geht über Zustimmung hinaus. Sie können einen vorgebrachten Punkt bestätigen, indem Sie Studien und Statistiken anführen, Ihre eigenen Erfahrungen einbringen, auf gemeinsame Wertvorstellungen verweisen etc.

4. Anekdoten, Beispiele und Geschichten bringen Leben und Realitätsnähe in eine Diskussion. Dabei kann es sich um Geschichten aus Ihrem eigenen Leben handeln oder um solche, die Sie gehört haben und für relevant halten.

5. Solche Geschichten „beweisen" nichts, es sei denn, sie entkräften eine grobe Verallgemeinerung, z. B. indem sie auf Ausnahmen verweisen.

6. Geschichten illustrieren Prinzipien, Abläufe und Möglichkeiten. Abläufe, die zu kompliziert sind, als dass man sie detailliert erklären könnte, lassen sich mit einem einfachen Beispiel illustrieren.

7. Möglicherweise möchten Sie weiter gehen, als einem erwähnten Punkt nur beizupflichten. Vielleicht möchten Sie vielmehr auf diesen Aspekt aufbauen, um die Idee voranzutreiben.

8. Eventuell wollen Sie einen Vorschlag auch erweitern, indem Sie ihn auf andere Bereiche übertragen und so umso stichhaltiger machen.

9. Sie können sich auch ausmalen, was die Folge wäre, wenn eine bestimmte Idee tatsächlich umgesetzt würde. Sehen Sie sich an, was dann geschehen würde, und beschreiben Sie es – sowohl die positiven wie die negativen Auswirkungen.

10. Vielleicht wollen Sie aber auch eine vorgetragene Idee modifizieren, um sie für sich akzeptabler zu machen, sie zu bestärken und ihr Praxistauglichkeit zu verleihen.

11. Sobald eine Idee ausgesprochen wurde, geht es nicht mehr um „deine Idee" oder „meine Idee", sondern um eine gemeinsame Idee, die gemeinsam geprüft und verbessert werden sollte.

12. Statt Diskussion als Schlagabtausch zu betrachten, sollte man sie als das gemeinsame Erkunden eines Themas ansehen.

6

Wie man zuhört

Ein guter Zuhörer ist beinahe genauso attraktiv wie ein guter Redner. Wir können keine geistige Attraktivität erlangen, wenn wir nicht wissen, wie man richtig zuhört.

- Ein guter Zuhörer zeigt, dass er oder sie auf das achtet, was gesagt wird.
- Ein guter Zuhörer respektiert den Redner.
- Ein guter Zuhörer zeigt, dass er oder sie sich wirklich für das Gesagte interessiert.
- Ein guter Zuhörer gewinnt dem Gesagten einen Wert ab und zeigt das auch.

Bei diesen Definitionen handelt es sich um Haltungen, die man einnehmen muss und nicht nur vortäuschen darf. Jeder Mensch wird irgendwann zuhören müssen, es sei denn, er will die ganze Zeit allein reden. Also sollte man lernen, wie man richtig zuhört, und kann so das Bestmögliche aus jedem Gespräch mitnehmen.

Ungeduld

Kaum etwas ist so abstoßend wie ein Zuhörer, der eigentlich nicht zuhören will und bloß auf den Moment wartet, in dem er oder sie wieder selbst sprechen kann. Diese Ungeduld ist offensichtlich und eine Beleidigung für den Redner.

Wenn Sie niemandem zuhören wollen, warum sollte dann irgendjemand das Bedürfnis haben, Ihnen zuzuhören?

Vielleicht haben Sie den Eindruck, dass das, was Sie zu sagen haben, wichtiger ist als das, was andere mitzuteilen haben – aber wahrscheinlich teilen andere diese Ansicht nicht. Also hören Sie lieber aufmerksam zu, und Sie werden dabei mehr gewinnen, als wenn Sie nur ungeduldig auf die Chance warten, endlich wieder selbst reden zu dürfen.

Den Wert des Gesagten erkennen

Wenn Sie gut zuhören, werden Sie dem Zuhören oft mehr abgewinnen können als dem Reden. Redend können Sie zeigen, wie clever Sie sind. Redend können Sie andere von Ihren Ansichten überzeugen. Redend können Sie Ihre Gedanken ordnen. Aber wenn immer nur Sie sprechen, werden Sie selten etwas Neues erfahren. Neue Ideen gewinnen Sie durchs Zuhören – vorausgesetzt, Sie wollen sie kennen lernen.

Eventuell kommen Sie so an Informationen, die Ihnen neu sind. Zum Beispiel könnte jemand Statistiken zitieren, die Sie noch nicht kennen. Vielleicht wollen Sie sie mit ein paar Fragen überprüfen, ehe Sie die Zahlen akzeptieren. Wussten Sie beispielsweise, dass in fünfundneunzig Prozent aller Strafrechtsverfahren in den USA eine Abmachung getroffen wird, bei der der Angeklagte sich freiwillig schuldig bekennt, um das Strafmaß zu mindern? War Ihnen bekannt, dass in vielen Ländern mehr tödliche Autounfälle dadurch verursacht werden, dass der Fahrer am Lenkrad einschläft, als durch Alkohol am Steuer?

Vielleicht hören Sie aber auch von einem Standpunkt, der Ihnen vorher überhaupt nicht geläufig war. So zahlen Raucher Rentenbeiträge wie jeder andere. Doch weil sie oft früher sterben, bekommen sie weniger Rentenzahlungen, sie unterstützen also die Nichtraucher, was eigentlich ein sehr selbstloser Zug ist.

Möglicherweise werden Ihnen auch plötzlich vollkommen neue Zusammenhänge klar. Wussten Sie beispielsweise, dass es in den USA siebenundzwanzigmal mehr Anwälte pro Kopf gibt als in Japan? Die juristischen Fakultäten an den amerikanischen Universitäten zählen zu den beliebtesten überhaupt. In Japan ist die Zahl der Neuzulassungen von Anwälten außerdem gesetzlich limitiert. Aber warum entscheiden sich so viele junge Amerikaner für das Jurastudium? Zum einen bietet ein Abschluss in Rechtswissenschaften eine gute allgemeine Qualifikation, die den Weg in die unterschiedlichsten Berufe eröffnen kann. Zum anderen könnten intelligente junge Leute, die eine intellektuell anspruchsvolle Tätigkeit anstreben, aber keine Mathematik mögen, Jura als sinnvolle Alternative ansehen.

Zuhörend können Sie zu vielen Themen eine neue Sichtweise entwickeln. Vielleicht haben Sie einen bestimmten Sachverhalt bislang immer nur aus einem Blickwinkel betrachtet und stellen fest, dass man es auch vollkommen anders sehen kann. Eventuell war für Sie Ruhestand stets gleichbedeutend mit Ausruhen, und erst durch einen Gesprächsbeitrag fällt Ihnen auf, dass die Zeit nach dem Arbeitsleben vielmehr von zahlreichen Aktivitäten geprägt sein kann – die Menschen tun endlich die Dinge, die sie immer schon tun wollten und nicht konnten. Ein weiteres Beispiel wäre, dass Sie im Gespräch mit jemandem, dessen schroffe Art Sie bisher als Aggressivität gedeutet haben, feststellen, wie sehr sein Verhalten von Unsicherheit bestimmt wird.

Eine wertvolle Erfahrung kann auch darin bestehen, zuzuhören, wie ein Standpunkt, der weit vom eigenen abweicht, überzeugend ausgeführt und begründet wird. Sie hören beispielsweise jemandem zu, der sich ganz klar dagegen ausspricht, das Leben um jeden Preis zu verlängern, weil er es weitenteils als Verschwendung von öffentlichen Mitteln sieht. Angeblich entstehen in den USA über fünfundsiebzig

Prozent aller Behandlungskosten im letzten Lebensmonat. Ein anderes Thema ist die Abtreibung: Hören Sie sich die Argumente der Befürworter wie die der Gegner aufmerksam an.

Achten Sie darauf, welche Werte von welchen Menschen besonders vehement verteidigt werden. Was sind das für Werte? Wie gehen die Redner mit diesen Werten um?

Vergleichen Sie jemanden, der in der Hoffnung, Diamanten zu finden, Sand siebt, mit jemandem, der den Strand abwandert und Treibholz betrachtet. Der Steinsucher muss eine Menge Sand sieben, um einen einzigen Diamanten zu finden, doch er weiß, wie ein Diamant aussieht und welchen Marktwert er hat. Er sucht also nach etwas, dessen Wert ihm bereits bekannt ist.

Anders der Strandläufer. Er sucht nicht nach bekannten Werten. Er entdeckt einen „Wert" in der ungewöhnlichen Form eines Treibholzstücks: Das könnte ein schöner Lampenfuß werden, das sieht aus wie ein Spazierstock etc. Werte können also definiert und erkennbar sein, oder aber sie entstehen erst durch das, was Sie hinzufügen. Das Zuhören ist deshalb so wichtig, weil Sie dabei etwas, das Ihnen bereits durch den Kopf geht, mit dem anreichern können, was Sie hören, und so einen neuen Wert daraus schöpfen.

Auf das achten, was andere sagen

Achten Sie auch auf die Worte, die benutzt werden, insbesondere auf die Adjektive. Adjektive sind fast immer subjektiv und verraten Ihnen einiges darüber, was die andere Person empfindet – und was nicht der objektiven Realität entsprechen muss.

„Das war ein schnarchlangweiliger Urlaub." Dabei war die Landschaft ausgesprochen schön, aber der Sprecher hatte alles schon gesehen.

„Das Restaurant war reichlich exotisch." Eigentlich war es eher grellbunt dekoriert und ziemlich billig.

„Er ist arrogant und aufdringlich." Genau genommen ist der Sprecher schüchtern und ziemlich reserviert.

Beachten Sie auch die Redewendungen und Analogien, die benutzt werden. Einige könnten Sie vielleicht später selbst verwenden.

Wiederholen

Wiederholungen sind beim Zuhören ein sehr hilfreiches Mittel. Sie liefern dem Redner damit eine Zusammenfassung dessen, von dem Sie glauben, dass er es meinte. Damit machen Sie klar, was Sie verstanden haben, und vermeiden eventuelle Missverständnisse.

- „Sie meinen also, eine Rezession wäre langfristig gut für die Wirtschaft, weil ineffiziente Unternehmen dadurch verschwinden und mehr Marktanteile für die erfolgreichen Betriebe bleiben, wenn sich die Lage wieder bessert. Wollten Sie das damit sagen?"
- „Sie gehen also davon aus, dass die USA die einzige Industrienation ist, in der Erfolg tatsächlich respektiert und bewundert wird? Heißt das, in anderen Ländern, wie beispielsweise Großbritannien, würde Erfolg automatisch Neider auf den Plan rufen, die dagegen arbeiten?"
- „Sie glauben also, dass Frauen bessere Ärzte sind als Männer, weil sie intuitiver veranlagt sind und ihre Behandlungsweise deshalb ganzheitlicher ist?"

- „Sie sagen also, ein höheres Strafmaß könnte keine Kriminellen abschrecken, die ihre Chance, erwischt zu werden, eher gering einschätzen?"
- „Wollen Sie darauf hinaus, dass koreanische Immigranten in Amerika so gut zurechtkommen, weil sie ein gut organisiertes System von ‚Selbsthilfegruppen' unterhalten und sich gegenseitig unterstützen?"

Für den Sprecher, der ja möchte, dass man seine Botschaft empfängt, ist es nur schmeichelhaft, wenn Sie seine Worte zusammenfassen, verdichten, rekapitulieren und darauf Feedback geben.

Fragen

Fragen sind ein wesentlicher Teil des Zuhörens. Sie signalisieren Aufmerksamkeit und Interesse. Sie bieten die Möglichkeit, einige Punkte genauer zu prüfen. Sie sorgen dafür, dass Missverständnisse geklärt werden, und sie erlauben es dem Redner, einzelne Aspekte zu vertiefen, die den Zuhörer besonders zu interessieren scheinen. Außerdem helfen sie, Aussagen auf ihre Herkunft zu überprüfen.

- „Sind das offizielle Zahlen oder Schätzungen?"
- „Hat Mr. Horsley das wirklich in Ihrer Gegenwart gesagt?"
- „Haben Sie das mit eigenen Augen gesehen, oder ist es Ihnen von jemand anderem erzählt worden?"
- „Ist das wissenschaftlich bewiesen?"
- „Belegen die Zahlen tatsächlich, was Sie über Raucher sagen?"
- „Wissen Sie, wie viele Leute an den Tests teilnahmen?"
- „Wie aktuell sind diese Zahlen?"

Fragen nach Zahlen und Daten sollten natürlich nicht mit einem misstrauischen Unterton gestellt werden. Ihr Gegenüber sollte am Tonfall erkennen können, dass es Ihnen um die Inhalte geht. Statistiken, die ein paar Jahre alt sind, können immer noch gültig sein, aber es ist dennoch sinnvoll, zu wissen, aus welcher Zeit sie stammen.

Sollten Sie den Verdacht hegen, dass jemand lügen oder bestimmte Angaben erfinden könnte, können Sie nach der Informationsquelle fragen und dann immer noch sagen: „Mir fällt es schwer, das zu glauben. Ich möchte die Zahlen lieber selbst überprüfen."

Fragen dienen dazu, an mehr Details zu kommen und Genaueres zum Thema zu erfahren.

„In Südafrika ist die Gesamtzahl der Mörder fast genauso hoch wie in den USA, wobei hier die Einwohnerzahl sechsmal höher liegt."

Hierzu möchten Sie wahrscheinlich viele Fragen stellen. Ist die Zahl in einem der Länder angestiegen? Wie groß ist der Prozentsatz in den Städten? Wie verteilt sich die Gesamtzahl auf die Einzelbereiche – häusliche Gewalt und Familienzwiste; Morde im Zusammenhang mit anderen Verbrechen wie Raub; Stammesauseinandersetzungen, Jugendkriminalität etc.? Wie verteilt sich die Gesamtzahl auf ethnische oder Stammesgruppen?

Ihr Gegenüber ist vielleicht nicht imstande, diese Fragen zu beantworten, doch gestellt werden sollten sie trotzdem, damit Sie sich ein genaues Bild machen können. Halten Sie niemals Fragen zurück, weil Sie glauben, der andere wüsste die Antworten sowieso nicht. In diesem Fall könnten Sie beispielsweise so fragen:

„Ich würde gern wissen, wie sich die Zahl auf die einzelnen ethnischen Gruppen verteilt ..."

Mit solchen Fragen relativieren Sie die Information, was besonders dann wichtig ist, wenn sie benutzt wird, um eine Behauptung zu untermauern.

„Australische Statistiken deuten darauf hin, dass Zwillinge-Geborene mehr Verkehrsunfälle verursachen als Menschen, die unter einem anderen Sternzeichen geboren sind."

Gilt das für alle Altersgruppen oder nur für Fahranfänger (vgl. die bereits erwähnte Jahreszeiten-Erklärung)?

Sollte die Differenz wenige Prozentpunkte betragen, kann das statistisch bedeutend sein, hat aber keinen praktischen Wert (der sich etwa in der Anhebung der Versicherungsbeiträge zeigen könnte).

„In Neuseeland hat man festgestellt, dass Kinder aus extremen Problemfamilien deutlich gefährdeter sind, später kriminell zu werden."

Diese Aussage mag nicht weiter überraschen, allerdings staunen Sie vielleicht, wenn Sie hören, dass bei Kindern aus Problemfamilien die Wahrscheinlichkeit, später kriminell zu werden, hundertmal höher liegt als bei anderen, und diese Zahl ist wahrlich beeindruckend.

Mehr Details

Wenn Sie ein Punkt besonders interessiert, wollen Sie eventuell mehr Details dazu erfahren.

„Könnten Sie mir mehr über die koreanischen Selbsthilfegruppen erzählen? Wie funktionieren sie?"

Damit signalisieren Sie zum einen dem Redner, dass Sie aufmerksam zuhören und interessiert sind, und zum anderen haben Sie mehr von dem Gespräch.

Der Sprecher möchte vielleicht auf etwas Bestimmtes hinaus, seine Meinung vertreten oder eine Aussage verteidigen. Darauf müssen Sie achten. Was will der Redner erreichen?

Wie geht er vor? Stimmen Sie ihm oder ihr grundsätzlich zu? Ist das Gesagte überzeugend?

Respektvolles Zuhören heißt, darauf zu hören, was der Sprechende „zu erreichen versucht". Zugleich aber müssen Sie noch auf etwas anderes achten.

Sie fahren eine Straße entlang und möchten zur Stadt B. Dabei kommen Sie durch ein kleines, beschauliches Dorf oder an einer Sehenswürdigkeit vorbei. Sie halten an und schauen sich um, weil Sie sich fragen, was Ihnen daran besonders auffällt.

Auf das Zuhören übertragen, sind dies jene interessanten Punkte, die nicht wirklich relevant sind für das, was der Redner mit dem Gesagten erreichen will. Denken Sie an das Beispiel der koreanischen Selbsthilfegruppen. Vielleicht wollen Sie an diesem Punkt nachhaken, weil Sie sich grundsätzlich für solche Sozialstrukturen interessieren.

Oder Sie hören, dass der Prophet Mohammed in der Hadith, der Niederschrift seiner Worte, mehrfach auf das „Denken" zu sprechen kommt, und Sie möchten wissen, an welchen Stellen genau er etwas darüber sagt.

Der Trick besteht darin, sich auf beides gleichzeitig zu konzentrieren, um dem Gespräch möglichst viel abzugewinnen. Achten Sie sich ausschließlich auf das, worauf der Sprecher hinauswill, stellen Sie am Ende eventuell fest, dass Sie ihm nicht zustimmen. Haben Sie jedoch gleichzeitig die „interessanten Inhalte" registriert, können Sie anhand der Erfahrungsberichte, die Sie hörten, wichtige neue Informationen gewonnen und alternative Sichtweisen entwickelt haben.

WIE MAN ZUHÖRT

1. Wer geistige Attraktivität entwickeln will, muss vor allem ein guter Zuhörer werden, der das Zuhören genießt.

2. Ein solcher Zuhörer ist aufmerksam und versucht, dem Gesagten den größtmöglichen Wert abzugewinnen.

3. Beim Zuhören müssen wir uns auf zweierlei konzentrieren: Auf das, was der Redner mit dem Gesagten erreichen will, und auf den Wert des Gesagten an sich, losgelöst von den Schlussfolgerungen, zu denen der Redner kommt.

4. Zuhören ist etwas anderes, als ungeduldig darauf zu warten, dass man selbst wieder zu Wort kommt.

5. Sie können neue Informationen gewinnen oder gegebene Informationen überprüfen, indem Sie Fragen stellen.

6. Es kann vorkommen, dass Sie Dinge aufgrund des Gesagten aus einem anderen Blickwinkel betrachten.

7. Sie können durch das Gesagte zu neuen Einsichten oder Erkenntnissen gelangen.

8. Manchmal lernen wir im Gespräch, dass es mehrere Sichtweisen eines Themas gibt, von denen wir vorher nichts wussten.

9. Vielleicht leuchtet uns auch die Argumentation von jemandem ein, der einen völlig anderen Standpunkt vertritt als wir selbst.

10. Im Gespräch lernen Sie, wie andere Wertmaßstäbe ansetzen, die sich von Ihren eigenen unterscheiden.

11. Sie sollten auf die verwendeten Worte achten, insbesondere auf die Adjektive, die viel über die Gefühle des Sprechers verraten.

12. Sie sollten es sich zur Gewohnheit machen, dem Sprecher das Gesagte in Ihren Worten zu wiederholen. Damit vermeiden Sie Missverständnisse und signalisieren zugleich Ihr Interesse.

13. Stellen Sie Fragen, um Fakten zu überprüfen und mehr Details zu den Punkten zu erfahren, die Sie besonders interessieren.

7

Fragen

Fragen sind wichtig, weil sie eines der zentralen Mittel der Interaktion zwischen zwei Menschen im Gespräch wie in jeder anderen Form der Kommunikation darstellen.

„Wie würde unsere Welt wohl aussehen, wenn es uns verboten wäre, Fragen zu stellen?"

Auf diese Frage werden die meisten Menschen Ihnen antworten, dass unser Leben ohne Fragen sehr kompliziert wäre. Das Kommunizieren würde erschwert, und es wäre fast unmöglich für uns, zu bekommen, was wir wollen, sobald dabei andere involviert sind – denen wir ja keine Fragen stellen dürfen.

Die tatsächliche Antwort aber ist, dass es so gut wie keinen Unterschied machen würde.

Eine Frage ist schlicht eine von mehreren Methoden, Aufmerksamkeit auf einen bestimmten Punkt zu lenken.

„Wie heißen Sie?"

Diese Frage bedeutet: „Richten wir unsere Aufmerksamkeit auf Ihren Namen"; oder sogar „Sagen Sie mir Ihren Namen."

„In welchem Land ist der Pro-Kopfverbrauch an Schokolade höher als in allen anderen?"

Diese Frage bedeutet: „Richten Sie Ihre Aufmerksamkeit auf den Schokoladeverbrauch pro Kopf in verschiedenen Ländern, und sagen Sie, welches Land die Liste anführt."

Wir verwenden also Fragen, um jemanden dazu zu bringen, seine oder ihre Aufmerksamkeit auf etwas zu richten, das wir wollen oder wissen wollen.

Der griechische Philosoph Sokrates steht in dem Ruf, ein großer Fragensteller gewesen zu sein. Aber welche Fragen stellte er?

Sokrates: „Wenn du den besten Athleten aussuchen solltest, würdest du ihn dann willkürlich auswählen? Wenn du den besten Steuermann für ein Schiff aussuchen sollst, würdest du ihn dann nach dem Zufallsprinzip auswählen?"

Zuhörer: „Natürlich nicht."

Sokrates: „Warum wählen wir dann unsere Politiker auf diese Weise aus?"

Vom Zuhörer wird nun erwartet, dass er feststellt, dass eine willkürliche Wahl nie die beste Methode ist, um die fähigsten Personen zu berufen.

Der Grund, weshalb die Griechen die Wahl ihrer Politiker dem Zufall – beziehungsweise der Willkür – überließen, war der, dass sie auf diese Weise Bestechungen, Korruption, Cliquenbildung etc. vermeiden wollten. Diese Kriterien sind im Sport oder in der Schifffahrt eher nicht von Belang, in der Politik allerdings sehr wohl.

Sokrates stellte vornehmlich Suggestivfragen. Schritt für Schritt gelangte der Zuhörer zu den erwarteten Antworten auf eine Frage und musste so zu den Schlussfolgerungen kommen, um die es Sokrates ging.

Sokrates stellte selten Fragen, zu denen die Antwort offen war.

Anglerfragen und Jägerfragen

Im CoRT-Programm, dem Denkunterricht für Schulen, unterscheiden wir zwischen „Anglerfragen" und „Jägerfragen".

Ein Jäger geht mit seinem Gewehr auf die Jagd. Er schießt auf einen Vogel. Hier gibt es nur zwei mögliche Ergebnisse: Er trifft den Vogel oder er verfehlt ihn, Streifschüsse und dergleichen lassen wir einmal beiseite. Dabei sind zwei Aspekte zu beachten: Wir wissen, worauf der Mann zielt, und wir kennen die möglichen Resultate.

Bei einer Jägerfrage wissen wir genau, worauf wir abzielen. Und wir kennen sämtliche möglichen Ergebnisse, nämlich entweder „ja" oder „nein".

- „Warst du heute Morgen einkaufen?"
- „Ist George W. Bush der vierzigste Präsident der USA?"
- „Sie waren in Cornell, nicht?"

All diese Fragen können mit einem einfachen Ja oder Nein beantwortet werden. Genau auf diese Antwort zielt der Fragende. Eine Jägerfrage ist so formuliert, dass sie nur mit Ja oder Nein beantwortet werden kann.

Der Sinn von Jägerfragen besteht darin, etwas zu überprüfen, wobei das Zu-Überprüfende bereits klar abgesteckt ist.

Wollen Sie wissen, in welchem Monat jemand geboren ist, können Sie fragen: „Hast du im Januar Geburtstag?" Lautet die Antwort „Nein", fragen Sie: „Hast du im Februar Geburtstag?" Sie fragen dann die Monate des Jahres durch, bis Sie Ihre Ja-Antwort bekommen haben.

Effektiver wäre die Frage: „Fällt dein Geburtstag in die erste Jahreshälfte?" Lautet die Antwort „Ja", würden Sie fragen: „Liegt er im ersten Quartal des Jahres?" Auf diese Weise lässt sich die Zahl der notwendigen Fragen deutlich reduzieren.

Noch viel einfacher wäre natürlich die Frage: „In welchem Monat hast du Geburtstag?"

Und damit kommen wir zu den „Anglerfragen". Wenn wir angeln gehen, setzen wir uns ans Flussufer und werfen die Angel aus. Wir wissen nicht, welche Fische wir fangen werden oder ob wir überhaupt welche fangen. Das Resultat ist erheblich unsicherer als beim Schießen auf einen Vogel.

Anglerfragen sind also offen. Der Fragende weiß nicht, welche Antworten er erhalten wird.

- „Welches ist der beliebteste Mädchenname in den USA?"
- „Wer gewann den 100-Meter-Lauf bei der Olympiade in Sydney?"
- „Wie behandelt man Nebenhöhlenentzündungen am besten?"

Die Art der Fragen schränkt auch hier die Bandbreite der möglichen Antworten ein. Auf die Frage nach dem beliebtesten Mädchennamen kann sie kaum „Cornflakes" lauten.

Der Fragende kann die Antwort kennen, sie nicht kennen oder sie erraten können, z. B. „Ich denke mal, es ist ... ." In manchen Fällen kann die Antwort auch „nichts" lauten, aber die Frage unterscheidet sich dennoch von einer Jägerfrage.

Anglerfrage: „Wer waren die weiblichen Präsidenten der USA?"

Antwort: „Es gab noch nie weibliche Präsidenten."

Jägerfrage: „Gab es jemals weibliche Präsidenten in den USA?"

Antwort: „Nein."

Wenn Sie damit rechnen, eine Nein-Antwort zu bekommen, werden Sie eine Jägerfrage stellen. Wenn Sie keine Vorstellung von der möglichen Antwort haben, werden Sie eine Anglerfrage formulieren.

„Wie viele Vater-und-Sohn-Präsidenten gab es schon in den USA, und welche waren es?"

Wissen Sie genau, was Sie überprüfen wollen, ist eine Jägerfrage angemessen. Ansonsten sind Anglerfragen sinnvoller, zumindest zu Anfang.

„Aus welchem Jahr stammt die Statistik, die Sie zitieren?"

Diese Frage kann effektiver sein als die:
„Ist diese Statistik neu?"

Quellen und Zuverlässigkeit

Ein offensichtlicher Nutzen von Fragen besteht darin, Quellen und die Gültigkeit von Zahlen, Geschichten, Beschreibungen etc. zu überprüfen. Handelt es sich um einen objektiven Bericht, den jedermann einsehen kann? Wenn sich eine Behauptung auf bestimmte Angaben stützt, müssen Sie die Zuverlässigkeit dieser Quellen prüfen.

„Sprechen Sie aus eigener Erfahrung, oder zitieren Sie jemanden?"

Es ist schließlich ein gewaltiger Unterschied, ob von persönlichen Meinungen oder objektiven Angaben gesprochen wird. Und selbst wenn Sie glauben, dass die Daten aus offiziellen Quellen stammen, lohnt es sich grundsätzlich, nach diesen Quellen zu fragen.

Zusätzliche Details

Am häufigsten werden Fragen wohl dazu genutzt, zusätzliche Details zu erhalten oder einen bestimmten Aspekt zu vertiefen.

„Könnten Sie mir mehr darüber sagen, ...?"

Eventuell wollen Sie an einem bestimmten Punkt nachhaken, um die Sache besser zu verstehen. Vielleicht aber möchten Sie auch aus reiner Neugier Näheres erfahren.

Werden Zahlen genannt, kann es wichtig sein, die relevanten Details zu kennen. Wie umfassend waren die Tests? Stammten die Testpersonen aus unterschiedlichen Altersgruppen? Gelten die Zahlen geschlechter- und altersgruppenübergreifend? Wie wurde die Befragung durchgeführt?

Hierbei geht es weniger darum, die Zahlen zu überprüfen, sondern vielmehr um die Gewinnung näherer Informationen zum Zahlenmaterial.

Erklärungen

„Wird dafür eine Erklärung gegeben?"

Sie können eine offizielle Erklärung verlangen. Sie können aber auch die Person, von der Sie die Information haben, nach ihrer Sicht fragen. Anschließend können Sie anbieten, Ihre eigene Erklärung abzugeben.

In der Wissenschaft dreht sich alles um Hypothesen, also provisorische Erklärungen für wahrgenommene Ereignisse.

Manchmal müssen Erklärungen überprüft und ihre Gültigkeit belegt werden.

Alternativen und Möglichkeiten

„Welche Alternativen gibt es?"

„Welche Möglichkeiten bieten sich?"

Es gibt vier Kategorien von Alternativen und Möglichkeiten:

1. Alternativen und Möglichkeiten, die offiziell berücksichtigt und geprüft wurden.
2. Alternativen und Möglichkeiten, die zwar bekannt sind, aber bislang nicht überprüft wurden.
3. Alternativen und Möglichkeiten, die der Sprecher entdeckt, aber noch nicht geprüft hat.
4. Zusätzliche Alternativen und Möglichkeiten, die Sie als Zuhörer vorschlagen können.

Wie bereits erwähnt, bereichert die Fähigkeit, neue Möglichkeiten aufzutun, jede Diskussion. Zudem befreit sie uns von der Einschränkung, etwas „müsse so sein", nur weil uns keine alternative Erklärung einfällt.

Der Sprecher fragt beispielsweise: „Würden Sie diese Möglichkeit akzeptieren?"

Einige Leute tun sich schwer damit, Möglichkeiten zu akzeptieren, weil sie glauben, wenn alles möglich sei, käme man nie zu einer Entscheidung. Dabei ist die Vorgehensweise eigentlich ganz klar. In der Phase des Überlegens eröffnet man sich neue Möglichkeiten. Dann schränkt man sie auf Wahrscheinlichkeit und bestimmte Vorgehensweisen ein. Man würde ja schließlich auch nicht auf dem Dach eines brennenden Gebäudes stehen und darauf hoffen, dass Batman zur Rettung angeflogen kommt.

Modifikation

Hat ein Zuhörer Schwierigkeiten mit der Extremposition, die ein Sprecher vertritt, möchte er dessen Vorschlag vielleicht modifizieren, um ihn für sich realistischer und akzeptabler zu machen.

„Könnten Sie akzeptieren, dass ich Ihren Vorschlag wie folgt modifiziere ...?"

Nun kann es einige Kernpunkte geben, die der Sprecher auf keinen Fall verändert wissen will. Er setzt sich beispielsweise dafür ein, die ethnische Zusammensetzung der Belegschaften der amerikanischen Polizeireviere der des jeweiligen Viertels anzupassen. Heißt das, er würde Kriterien wie Verdienst und Rang außer Acht lassen, um eine Gleichgewichtung zu erhalten? Dieser Punkt kann mittels einer Frage geklärt werden. Außerdem kann man eine modifizierte Position dazu einnehmen.

„Wenn alle anderen Aspekte, wie Verdienst und Rang, berücksichtigt sind, sollte man sich bemühen, die ethnische Zusammensetzung der Reviere der Bevölkerung anzupassen. Können Sie diese Version akzeptieren?"

Eventuell kann der Sprecher diesen Vorschlag nicht akzeptieren, da er davon ausgeht, dass unter diesen Bedingungen keine Bemühungen unternommen würden, für gerechtere Ausbildungschancen zu sorgen.

„Wurde diese Alternative erwogen?"

Multiple-Choice-Fragen

Der Zuhörer kann eine Frage stellen, mit der er den Sprecher bittet, zwischen einer begrenzten Zahl möglicher Antworten zu wählen. Viele Befragte werden sich dagegen sträuben und behaupten, ihre Antwort sei darin nicht enthalten, läge irgendwo dazwischen oder es träfen mehrere Varianten zu. Dennoch kann diese Form der Fragestellung von Zeit zu Zeit sehr nützlich sein.

„Treten Frauen in der Wirtschaft Ihrer Meinung nach

a. entschiedener auf als Männer,
b. weniger entschieden auf als Männer,
c. genauso auf wie Männer?"

Die Antwort könnte sein, dass es sich so pauschal nicht formulieren lässt, weil das Auftreten individuell variiert.

Andere Multiple-Choice-Fragen wären:

„Würden Sie sagen, dass Herzerkrankungen von einem der folgenden Faktoren besonders stark bestimmt werden:

a. Gene,
b. Herkunft,

c. Lebensstil (Stress etc.),
d. Gewicht?"

„Welches der folgenden Themen kommt in den Wahlkampf-
versprechen von Politikern besonders häufig vor:

a. Gesundheitspolitik,
b. Bildung,
c. Steuern,
d. Arbeitsplätze,
e. Wirtschaftswachstum,
f. Kriminalität?"

Die Antwort für Amerika ist übrigens „Bildung", und fast
jeder US-Präsident erklärt sich selbst zum „Bildungspräsi-
denten".

Würden Sie sagen, dass wirtschaftliche oder eher soziale
Faktoren für die Jugendkriminalität verantwortlich sind?

Werte

Die Menschen sprechen nicht gern über Werte. Sie gehen
davon aus, Werte seien offensichtlich. Und sie setzen voraus, dass wir alle dieselben Grundwerte vertreten. Werte
sind Privatsache, und über sie zu sprechen, wird ungefähr so
empfunden, als redete man über Sex.

Sie bekommen vielleicht keine Antwort, aber fragen Sie
trotzdem, an welchen Werten sich jemand orientiert, der einen bestimmten Vorschlag macht.

„Welche Werte kommen bei dem, was Sie zu Gefängnis-
sen und Strafmaßen sagen, zum Tragen?"

Zu den Werten, die man Ihnen daraufhin nennt, können
gehören: Gerechtigkeit, Schutz der Gesellschaft, Abschre-

ckung, Wiedergutmachung, Rehabilitation von Kriminellen, Kosten für die Gesellschaft etc. Die nächste Frage könnte die nach der Wertehierarchie sein. Welche Werte stehen an oberster Stelle? Welche sind dominant?

Fragen zu Werten können auch als Multiple-Choice-Fragen formuliert werden:

- „In Zeiten erhöhter Terrorismus-Sensibilität sollten welche Werte an oberster Stelle stehen: Schutz unschuldiger Menschen oder individuelle Menschenrechte?"
- „Was sollte zuerst kommen: das Gemeinwohl oder individuelle moralische Prinzipien (ist eine Lüge dann zulässig, wenn sie dem Gemeinwohl dient)?"

Was bringt Sie auf diesen Gedanken?

Dies ist eine Schlüsselfrage. Jemand stellt eine Behauptung oder Forderung auf. Der Zuhörer hört sich das Gesagte an und versteht es. Dann fragt er:

„Worauf stützen Sie Ihre Gedanken (Gefühle, Entscheidungen, Forderungen etc.)?"

Der Sprecher ging eventuell davon aus, seine Ausgangsposition bereits klargemacht zu haben. Oder er antwortet sehr allgemein:

a. reine Vernunft,
b. persönliche Erfahrungen,
c. Pragmatismus,
d. offensichtlicher Handlungsbedarf,
e. Wut,
f. Mitleid,
g. menschliche Werte.

Mit weiteren Fragen kann der Zuhörer den Sprecher bitten, deutlicher zu werden: Wut auf was? Mitleid mit wem? Welche persönlichen Erfahrungen? Warum besteht Handlungsbedarf?

FRAGEN

1. Fragen sind wesentliche Interaktionsmittel in jeder Unterhaltung oder Diskussion. Ein Zuhörer sollte also bemüht sein, Fragen zu stellen.
2. Eine Frage ist ein Mittel, mit dem man die Aufmerksamkeit auf einen bestimmten Punkt „lenkt". Eine Frage ist eine höfliche Methode, etwas zu fordern.
3. Stellt man eine Jägerfrage, weiß man, dass die Antwort ja oder nein lauten wird. Solche Fragen dienen der Überprüfung von Sachverhalten.
4. Eine Anglerfrage ist offener. Man weiß nicht, welche Antwort man darauf bekommt, man weiß nur, dass sie sich auf die Frage beziehen wird.
5. Wer eine Frage gestellt bekommt, kann entweder eine Antwort darauf geben, keine Antwort wissen, die Antwort erraten oder mit einer Gegenfrage antworten.
6. Fragen sind wichtig für die Überprüfung der Gültigkeit des Gesagten und der Informationsquellen, auf die es sich stützt.
7. Fragen sind wichtig, um mehr Details zu erfahren, die man braucht, um ein Thema zu vertiefen.
8. Mit Fragen bitten Sie um Erklärungen, die entweder offiziell oder persönlich sein können.
9. Sie können nach Alternativen und Möglichkeiten fragen, aber auch danach, ob Ihre eigenen Vorschläge in Betracht kommen.
10. Sie können nachfragen, ob Ihre Modifikationen des Gesagten akzeptabel sind.

11. Fragen können als Multiple-Choice-Fragen formuliert werden.

12. Sie können nach Werten fragen und danach, worauf der Sprecher seine Aussage stützt.

8

Paralleles Denken

Seit ungefähr zweitausendvierhundert Jahren geben wir uns damit zufrieden, dass die verbale Auseinandersetzung, der Diskurs, eine Form des Denkens ist. Die Methode wurde von einem Trio aus Griechenland ersonnen: von Sokrates, Plato und Aristoteles.

Die verbale Auseinandersetzung ist eine exzellente Methode und hat uns schon viel Nutzen gebracht. Andererseits aber ist sie eher grob und primitiv. Jede Seite stellt ihre Sicht der Dinge dar, verteidigt sie und versucht, der anderen Seite nachzuweisen, die Dinge falsch zu sehen. Kurz: „Ich habe Recht und du Unrecht."

In diesem Diskurs mag die Motivation auf beiden Seiten umso größer sein, als sie letztlich von Aggression gesteuert ist. Die eigentliche Erkundung des Themas bleibt aber dabei auf der Strecke. Wie schon in den vorangegangenen Kapiteln erwähnt, würde ein Staatsanwalt vor Gericht nichts sagen, was der Verteidigung helfen könnte, und sich erst recht nicht bemühen, solche Punkte überhaupt zu finden. Das Gleiche gilt umgekehrt für die Verteidigung.

Wir pflegen die Auseinandersetzung nicht etwa, weil wir sie für eine so wundervolle Methode halten – wir kennen einfach keine andere.

1985 entwarf ich die alternative Methode des „parallelen Denkens". Heute ist sie in der Bildung wie in der Wirtschaft weithin gebräuchlich: angefangen bei vierjährigen Vorschülern bis hin zu Führungskräften in einigen der weltweit größten Firmen. Ein Unternehmen verbrachte früher dreißig Tage mit der Diskussion seiner multinationalen Projekte. Seit man die Methode des parallelen Denkens anwendet, wird dieselbe Arbeit in zwei Tagen gemacht. Die Lohnverhandlungen in einer Mine dauerten früher drei Wochen. Mit der neuen Methode ist das Ganze nun in fünfundvierzig Minuten zu schaffen. Bei anderer Gelegenheit forderte ein Gewerkschaftsvertreter vom Management den Einsatz der Methode des parallelen Denkens, andernfalls weigere er sich, zu verhandeln. MDS, ein kanadisches Unternehmen, geht davon aus, dass allein im ersten Jahr, in der man die neue Methode einsetzte, 20 Millionen Dollar gespart wurden. Bei Siemens schätzt man, dass sich die Produktentwicklungszeiten durch die Methode um fünfzig Prozent reduziert haben. Einige Richter in den USA weisen ihre Geschworenen an, dieses Verfahren für die Entscheidungsfindung zu nutzen – mit viel versprechenden Resultaten.

Paralleles Denken wird vielfach auch in Familiendiskussionen genutzt, weil es jedem Beteiligten erlaubt, seine Gedanken einzubringen.

Die Methode unterscheidet sich deutlich von der „egozentrierten" oder „kämpferischen" Ausrichtung des Streitgesprächs. Wer sich erst einmal daran gewöhnt hat, paralleles Denken zu nutzen, dem wird die Rückkehr zum Diskurs sehr primitiv vorkommen.

In einer Schule ging das Kollegium sowohl in Konferenzen als auch im Unterricht nach der Methode des parallelen Denkens vor. Eines Tages besuchten auswärtige Gäste die Schule, die mit diesem Verfahren nicht vertraut waren. Deshalb beschloss man, vorübergehend zur alten Form der verbalen Auseinandersetzung zurückzukehren. Hinterher stellte man einstimmig fest, dass man dieses Vorgehen als zu grob und unbefriedigend empfunden habe.

Gemeinschaftliche Erkundung

Vier Menschen stehen um ein Gebäude herum, jeder betrachtet eine andere Seite des quadratischen Baus. Jede Person besteht nun darauf, dass das, was sie sieht, die richtige Ansicht des Bauwerks ist. Man streitet sich per Handy.

Beim parallelen Denken steht zunächst auch jede Person auf eine Seite des Gebäudes. Dann beschreibt jeder, was er sieht. Anschließend wechselt jeder den Standpunkt und schildert wieder, was er sieht. Es folgen die dritte und die vierte Seite, bis alle das Gebäude von allen Seiten betrachtet haben.

An jedem einzelnen Punkt also sehen alle Parteien die Sache aus demselben Blickwinkel und beschreiben, was sie sehen. Am Ende hat eine vollständige Erkundung des Baus – oder des zur Diskussion stehenden Themas – stattgefunden.

Damit die Methode funktioniert, ist es wichtig, dass alle zu jedem Zeitpunkt „parallel" in dieselbe Richtung schauen.

Die sechs Hüte

Bei dieser Methode werden sechs farbige Hüte benutzt, um das Denken mehrerer Beteiligter dahingehend in Einklang zu bringen, dass alle immer in dieselbe Richtung schauen. Es ist wichtig, dass alle zu jedem Zeitpunkt denselben Hut tragen. Völlig falsch wäre es, wenn unterschiedliche Leute unterschiedliche Hüte aufsetzen würden.

Warum verwendet man Hüte?

Weil man sie schnell und gezielt auf- und wieder absetzen kann. Außerdem liegt die Assoziation Kopfbedeckung-Kopf-Denken nahe, ebenso wie Hüte oder Kappen mit bestimmten Rollen assoziiert werden: Polizeimütze, Feuerwehrhelm, OP-Haube, aber auch Narrenkappe.

Natürlich muss man nicht unbedingt richtige Hüte aufsetzen, um die Sechs-Hüte-Methode anzuwenden. Doch in vielen Konferenzsälen großer Unternehmen hängen heute Bilder von den Hüten an den Wänden, oder es finden sich kleine Plastikhüte auf dem Tisch. Dennoch sind die Hüte in erster Linie eine Metapher.

Der weiße Hut

Der weiße Hut steht für Papier und Computerausdrucke, also für Information. Wenn der weiße Hut im Spiel ist, konzentrieren sich alle auf Informationen.

Es geht nicht mehr darum, dass eine Person etwas sagt und eine andere widerspricht. Jeder konzentriert sich auf Information – parallel zu allen anderen.

- „Was wissen wir?"
- „Was müssen wir noch wissen?"
- „Was fehlt?"
- „Welche Fragen sollten wir stellen?"
- „Wie können wir die Informationen bekommen, die wir brauchen?"

Unter Information wird alles verstanden, von harten Fakten, die sich überprüfen lassen, bis zu „weichen" Informationen wie Gerüchten oder persönlichen Erfahrungen.

Liegen zwei widersprüchliche Informationen vor, werden beide nebeneinander aufgeschrieben.

„Der letzte Flug nach New York geht um 21.30 Uhr."

„Der letzte Flug nach New York geht um 22.30 Uhr."

Wird es irgendwann notwendig, zu prüfen, welche Information wahr ist, werden entsprechende Erkundigungen eingezogen.

Jeder Einzelne bemüht sich nun konzentriert darum, Informationen zum Thema zu sammeln und zu sehen, welche Informationen verfügbar sind und welche noch gebraucht werden. Niemand kümmert sich mehr ausschließlich darum, ob eine Information seinen jeweiligen Standpunkt bestätigt oder nicht.

Der rote Hut

Bei Rot denken wir an Feuer und Wärme, weshalb der rote Hut für Emotionen, Empfindungen und Intuition steht.

Dieser Hut ist sehr wichtig. In der traditionellen Vorstellung des Denkens haben Gefühle und Empfindungen außen vor zu bleiben, aber selbstverständlich sind sie trotzdem immer da – sie werden lediglich hinter einer Maske vermeintlicher Logik versteckt. Entsprechend beeinflussen sie unser Denken umso mehr, wenn es uns untersagt ist, sie auszusprechen.

Der rote Hut lässt Emotionen und Empfindungen zu. Und indem er sie legitimiert, weist er ihnen ihren wirklichen Platz zu.

- „Mir gefällt diese Idee überhaupt nicht."
- „Ich habe das Gefühl, dass das einfach nicht funktionieren kann."
- „Meine Intuition sagt mir, eine Preiserhöhung könnte den Markt ruinieren."
- „Aus dem Bauch heraus würde ich sagen, das ist äußerst gefährlich."
- „Ich empfinde es als Zeitverschwendung."

Zu beachten ist hierbei, dass man keine Gründe für diese Gefühle angeben muss. Man spricht sie eben nur offen aus. Sie sind nun einmal da – also werden sie auch benannt. In

vielen Fällen nämlich kennen wir selbst den genauen Grund
für unsere Gefühle und unsere Intuition nicht. Deshalb würden die wenigsten von uns sie offen aussprechen, wenn sie
sie begründen müssten. Demzufolge sollte eine Begründung
von vornherein ausgeklammert werden – selbst wenn man
sie kennt.

Intuition kann auf Erfahrungen auf einem bestimmten
Gebiet basieren.

- „Meine Intuition sagt mir, sie ist genau die Richtige für
  diesen Job."
- „Meine Intuition sagt mir, die Kosten könnten bei diesem Projekt rapide eskalieren."
- „Rein intuitiv würde ich sagen, dass diese Entscheidung
  vor allem von der internen Politik getragen ist."
- „Meine Intuition sagt mir, die Wirtschaft wird sich im
  nächsten Quartal wieder erholen."

Unsere Intuition entspringt unserem komplexen, inhärenten
Urteilsvermögen. Der Denkende ist sich zumeist gar nicht
aller Komponenten bewusst, die in sein Urteil einfließen.
Häufig liegen wir mit unserer Intuition richtig – aber nicht
immer. Auf einigen Gebieten müssen wir unsere Entscheidungen sogar intuitiv treffen, weil es keine andere Möglichkeit gibt.

- „Meine Intuition sagt mir, dass dieser Vorschlag nicht für
  beide Seiten gleichermaßen akzeptabel ist und der Kon-
  flikt daher andauern wird."
- „Rein intuitiv würde ich sagen, dass diese Mode sich
  nicht durchsetzt."

Sobald keine anderen Methoden da sind, um einen bestimmten Punkt zu überprüfen, spielt Intuition eine wichtige Rolle.

In den übrigen Fällen ist sie ein Bestandteil oder ein Faktor, den wir zu berücksichtigen haben.

Der schwarze Hut

Im Alltag ist dies der Hut, der am häufigsten zum Einsatz kommt. Der schwarze Hut bildet die Basis des „kritischen Denkens". Das Wort „kritisch" leitet sich vom griechischen *kritikos* ab, was so viel bedeutet wie „beurteilend". Kritisches Denken ist demnach beurteilendes Denken: Ist dies oder jenes richtig oder falsch? Damit bezieht sich der schwarze Hut auch auf das, worauf verbale Auseinandersetzung und westliches Denken aufbauen.

Der schwarze Hut ist ein exzellenter Hut und möglicherweise der nützlichste von allen. Er hält uns davon ab, Dinge zu tun, die falsch, illegal, gefährlich etc. sind.

Ich benutze im Zusammenhang mit dem schwarzen Hut gern das Wort „Vorsicht", man könnte allerdings auch von „Risikoeinschätzung" oder „kritischen Punkten" sprechen.

Kritisch kann zum Beispiel die Frage nach dem „Passt es zu ..." sein.

- „Passt es zu unseren Werten?"
- „Passt es zu unseren Ressourcen?"
- „Passt es zu unserer Strategie und unserer Zielsetzung?"
- „Passt es zu unseren Fähigkeiten?"

Dass der schwarze Hut auf Gefahren, Fehler, potenzielle Probleme etc. hinweist, macht ihn keineswegs zu einem „schlechten Hut". Ein Arzt, der sich mit Krankheiten beschäftigt, ist deshalb ja auch kein schlechter Mensch. Und wer vorn auf einem Schiff Ausschau hält und vor Klippen und Riffs warnt, ist ein wichtiges und geschätztes Besatzungsmitglied.

Der schwarze Hut kann auf vielerlei Art benutzt werden:

- Um auf Brüche in der Logik hinzuweisen („daraus folgt nicht notwendig, dass ...“),
- um falsche Informationen als solche zu identifizieren,
- um auf Fehler und Schwächen aufmerksam zu machen,
- um darauf hinzuweisen, dass etwas nicht zu uns passt,
- um auf „Pferdefüße“ hinzuweisen,
- um potenzielle Probleme aufzuzeigen.

Er deckt also alle Aspekte ab, die mit „Vorsicht“ zu tun haben.

Der gelbe Hut

Der schwarze Hut entspricht in weiten Teilen unseren Denkgepflogenheiten bei Diskursen und in der Argumentation ganz allgemein. Auch in der Erziehung ist er sehr präsent. Da Sinn und Zweck der Erziehung der ist, den Kindern beizubringen, „wie die Welt wirklich ist“, müssen wir ihnen sagen, wann sie etwas falsch verstehen.

Der gelbe Hut hingegen wird beinahe gänzlich ignoriert. Unter dem gelben Hut suchen wir nach Werten, Nutzen und danach, warum etwas funktionieren könnte. Hierbei handelt es sich mithin um positive Aspekte, und wir neigen meist dazu, Positives in unserem Denken zu vernachlässigen.

Wir müssen eine „Wertsensibilität“ entwickeln, sprich: uns für Werte sensibilisieren. Ohne diese Wertsensibilität kann jeder kreative Ansatz reine Zeitverschwendung sein. Ich habe schon in Kreativ-Meetings gesessen, in denen gute Idee vorgebracht wurden, doch selbst diejenigen, die sie vorstellten, erkannten nicht den vollen Wert, der sich dahinter verbarg.

Für Werte sensibel zu sein, bedeutet, die Dinge mit der bewussten Absicht zu betrachten, ihren Wert zu erkennen. Wir sind jederzeit bereit, Fehler zu entdecken – aber nicht annähernd so gewillt, Werte zu finden. Wir sind sozusagen negativ voreingenommen.

Unter dem gelben Hut können wertvolle neue Einblicke gewonnen werden. Die Leute sehen plötzlich Vorteile, die sie zuvor nie wahrgenommen haben. Ihnen erschließen sich auf einmal auch jene Werte, die nicht besonders offensichtlich sind.

Der gelbe Hut lädt jedermann ein, gezielt nach Werten zu suchen.

Nehmen wir an, jemand ist vehement gegen eine Idee, die eingebracht wurde. Unter dem schwarzen Hut weist diese Person auf alle Gefahren und Nachteile hin, die mit der Idee verknüpft sind. Dann kommt der gelbe Hut an die Reihe, und jedermann sucht nach den Vorteilen. Kann jeder welche erkennen, die fragliche Person aber keinen einzigen finden, wird man sie für dumm halten. „Wenn alle die Vorzüge sehen können, warum kannst du es dann nicht?", wird man sie fragen. Dieser Verlauf unterscheidet sich grundlegend von einer verbalen Auseinandersetzung, in der man sich gar nicht erst die Mühe gibt, nach Vorteilen zu suchen, wenn einem eine Idee missfällt.

Unter dem gelben Hut ist jeder Denker „gefordert", Werte zu finden.

Im Diskurs profiliert man sich durch überlegene Argumente, durch das Attackieren des anderen Standpunkts und die Verteidigung des eigenen. Beim parallelen Denken hingegen profiliert man sich, indem man unter jedem Hut etwas beizutragen hat – und möglichst mehr und Besseres als andere. Entsprechend wird man unter dem schwarzen Hut mehr Risikopunkte aufzeigen wollen als alle anderen und unter dem gelben Hut mehr Vorteile als irgendjemand sonst.

Auf diese Weise steht die gesamte Denkkapazität für die Erkundung eines Themas zur Verfügung, so dass man sich ihm ehrlich und gründlich widmen kann. Hier geht es nicht mehr darum, seinen Standpunkt durchzuboxen oder eine Auseinandersetzung zu gewinnen.

Es ist klar, dass der Unterschied zwischen den beiden Herangehensweisen in der Praxis gewaltig ist.

Würden Sie ein teures Auto kaufen und es dann mit Billigbenzin betanken? Warum sollten Sie schlaue Köpfe zu Spitzengehältern engagieren und dann nur einen Teil ihrer Denkkapazität nutzen? Gerade weil das parallele Denken jeden ermutigt, „umfassend und objektiv" über ein Thema nachzudenken, setzt sich diese Methode in der Wirtschaft immer mehr durch.

Stellen Sie sich eine Vorstandssitzung vor, in der ein ganzer Haufen cleverer und sehr erfahrener Leute um einen Tisch versammelt ist. Jemand spricht und schlägt eine bestimmte Strategie vor. Was tun die anderen inzwischen? Zumeist hören sie zu, um die Schwachstellen in seiner Argumentation zu entdecken. Die nämlich würden es ihnen erlauben, später etwas beizutragen, mit dem sie ihrem Ego schmeicheln können. Was für eine riesige Verschwendung von intellektueller Kompetenz, sie so sehr einzuschränken, dass sie nur noch im „Negativgang" läuft!

Der grüne Hut

In diesem Zusammenhang denkt man an Vegetation, Wachstum und Energie, an Äste und frische Blätter, an kreative Energie.

Der grüne Hut ist der produktive. Er ist der Hut, der etwas gedeihen lässt. Und der grüne Hut ist der kreative Hut.

Der schwarze und der gelbe Hut sind die beurteilenden Hüte. Der weiße Hut fragt nach Informationen. Der rote Hut nach Gefühlen, Empfindungen und Intuition. Und der grüne Hut fragt nach Ideen, Alternativen, Möglichkeiten und Entwürfen.

- „Was können wir machen? Was sind die Alternativen?"
- „Warum ist das geschehen? Welches sind die möglichen Erklärungen?"
- „Wir brauchen hier ein paar neue Ideen."
- „Lasst uns sowohl die offensichtlichen Alternativen betrachten als auch ein paar neue."
- „Wir brauchen hier dringend mehr Grüner-Hut-Denken."

Der grüne Hut ist eine Einladung zur Kreativität.

Anstatt abzuwarten, dass Kreativität „geschieht", also eine Person eine Idee hat, auf die sich alle anderen stürzen, um sie zu attackieren, wird sie zu einer formellen Aufforderung. Mit dem grünen Hut schaffen wir uns nicht nur die Zeit und den Raum für Kreativität, sondern unser kreatives Denken ist hier explizit gefordert. Jeder ist angesprochen und „auf Sendung". Man erwartet von uns, uns kreativ zu bemühen und kreative Beiträge zu leisten. Wenn nicht: Mund halten.

In der Praxis ist es besonders interessant, wie Menschen, die sich selbst nie als kreativ bezeichnet hätten, plötzlich kreative Anstrengungen unternehmen und feststellen, dass sie weit mehr Ideen haben, als sie glaubten. Leute, die in einer Sitzung nie eine kreative Idee geäußert hätten, entdecken nun, mit welcher Leichtigkeit sie neue Ansätze produzieren können, wenn Kreativität von ihnen „erwartet" wird.

Die neuen Ideen können Ideen sein, die anderswo bereits im Einsatz sind. Es können auch Vorschläge sein, die jemand schon eine Weile mit sich herumträgt. Ebenso gut aber kann es sich um vollkommen neue Ideen handeln, die dank natürlicher Kreativität in dem Moment entwickelt wurden. Manchmal entstehen neue Ideen, wenn die Techniken des lateralen Denkens gezielt eingesetzt werden, wie etwa Provokation, Stichworte, die aufs Geratewohl in den Raum geworfen werden, etc. Trainingsanleitungen für die Techniken des lateralen Denkens sind überall erhältlich.

Die Suche nach Alternativen sollte immer mit den offensichtlichen beginnen. Dann sucht man nach den weniger offensichtlichen und versucht, neue Varianten zu entwerfen. Einfache und beinahe banale Ideen können genauso hilfreich sein wie exotische.

Als neue Ideen sind alle zugelassen, angefangen bei Ansätzen, die vollkommen logisch erscheinen, sobald sie geäußert wurden, über Ideen, die wahrscheinlich klingen oder die gerade eben noch möglich sein könnten, bis hin zu solchen, die reichlich weit hergeholt wirken – aber immer noch dazu dienen können, gute Ideen zu provozieren.

Wurde Kreativität unter dem grünen Hut erst einmal zur Gewohnheit, staunt man, wie produktiv diese Methode sein kann.

Der blaue Hut

Denken wir an „blauen Himmel" und Panoramablick. Der blaue Hut ist wie der Dirigent eines Orchesters. Seine Rolle besteht darin, die anderen Hüte und mit ihnen das Denken zu dirigieren.

Der blaue Hut hat mit der Kontrolle des Prozesses zu tun. Anfangs hat er vor allem zwei Aufgaben. Die erste ist Konzentration und Zielvorgabe:

- „Warum sind wir hier?"
- „Worüber denken wir nach?"
- „Was wollen wir am Ende erreicht haben?"

Der blaue Hut definiert gleich zu Beginn, in welche Richtung man sich bewegen will. Dabei kann über alternative Ausrichtungen oder sogar untergeordnete Punkte nachgedacht werden, denen man sich ebenfalls zuwenden will. An dieser Diskussion beteiligen sich alle mit ihren Vorschlägen und Meinungen. Am Ende trifft dann der Leiter der Runde die Entscheidung.

Der blaue Hut legt zudem die Abfolge fest, in der die verschiedenen Hüte während der Sitzung benutzt werden. Auch dieser Punkt kann zur Diskussion freigegeben werden.

- „Welche Hutreihenfolge wollen wir benutzen?"

Während der Sitzung selbst übt der blaue Hut in erste Linie eine Kontrollfunktion aus.

- „Wir sind gerade beim gelben Hut. Ihre Bemerkung gehört eher unter den schwarzen."
- „Unter dem roten Hut drücken Sie Ihre Gefühle nur aus. Sie erklären uns nicht die Gründe, die dahinter stecken."
- „Jetzt kommt der grüne Hut. Wir brauchen ein paar neue Ideen."

Der blaue Hut kann die Reihenfolge der Hüte im Verlauf der Sitzung ändern, falls es angebracht ist. Zeigt beispielsweise der rote Hut, dass den meisten Anwesenden eine Idee missfällt, empfiehlt sich vielleicht als Nächstes der schwarze Hut, damit alle erklären können, warum ihnen die Idee nicht gefällt. In diesem Fall kann der blaue Hut die anfangs festgelegte Hutabfolge umstellen.

Am Ende der Sitzung fällt dem blauen Hut eine wichtige Aufgabe zu. Er fügt nun die Ergebnisse zusammen: So entsteht die Zusammenfassung, die Schlussfolgerung, der

Entwurf. „Was haben wir erreicht?" Sollte nichts erreicht worden sein, kann er den Grund dafür näher erklären.

- „Wir brauchen noch mehr Informationen auf diesem Gebiet ..."
- „Es wurden zu wenig Vorschläge gemacht, wie wir aus diesem Schlamassel herauskommen."

Der blaue Hut legt am Ende auch den nächsten Schritt fest. Dieser nächste Schritt kann in noch mehr gemeinsamem Nachdenken oder Handeln bestehen. Werden mehr Informationen benötigt, legt man jetzt fest, wie diese Informationen zu beschaffen sind.

Den blauen Hut am Anfang und am Ende muss man sich wie zwei Buchdeckel vorstellen, die das Denken umrahmen. „Warum sind wir hier? Was haben wir erreicht?"

Wenngleich der blaue Hut Diskussionen und Vorschläge begrüßt, wird die endgültige Entscheidung vom Vorsitzenden, dem Vermittler oder dem Leiter der Gruppe getroffen.

Die Verwendung der Hüte

Die Hüte sind ein starkes und neutrales Symbol, mit dem zu bestimmten Denkweisen aufgefordert wird.

- „Das ist großartiges Schwarzer-Hut-Denken. Lasst uns jetzt ein paar gelbe Hüte dazu hören."
- „Lassen Sie mal hören, was Sie unter Ihrem roten Hut haben."
- „Was wäre in diesem Fall der weiße Hut?"

Solche Aufforderungen könnten natürlich auch in normaler Sprache vorgetragen werden, aber die Bildhaftigkeit der sechs Hüte bietet einen stärkeren Code.

- „Ein paar grüne Hüte, bitte" wirkt im positiven Sinn fordernder als die sachlich formulierte Bitte um kreatives Denken.
- Die Frage „Was wäre hier der rote Hut?" überzeugt mehr als die klassische Aufforderung an jemanden, seine Gefühle auszudrücken – was er normalerweise nicht gewohnt ist.

Die Hüte können also individuell als Code benutzt werden, mit dem bestimmte Gedanken eingefordert werden.

Die Hüte können auch die Reihenfolge festlegen, in der ein Thema bearbeitet werden soll. Diese Reihenfolge kann je nach Vorgabe variieren: Erforschung, Problemlösung, kreatives Denken, Konfliktlösung, Entwurf etc. Bei jedem dieser Schwerpunkte kann die Hutfolge anders aussehen.

Der Nutzen der Hüte

Die Hüte bieten eine Alternative zur verbalen Auseinandersetzung. Sie erlauben die gemeinsame Erkundung eines Themas. Die sechs Hüte fordern jeden Einzelnen auf, sich mit dem Thema zu befassen, statt seinen Standpunkt vorzutragen und mit Zähnen und Klauen zu verteidigen. Außerdem ermöglichen sie ein kurzfristiges „Umschalten" im Denken. Sie geben uns ein Mittel an die Hand, mit dem wir zum zielgerichteten Denken auffordern können. Die Hüte ersetzen das Ego und die Aggressivität der Auseinandersetzung, indem sie zur gründlichen Beschäftigung mit dem Thema herausfordern. Und die Hüte holen das Beste aus den Menschen heraus. Meetings konnten mit ihnen auf ein Fünftel der vorherigen Zeit und weniger reduziert werden. Die Methode ist leicht zu lernen und anzuwenden. Sie wird von Kindern wie von Vorstandschefs benutzt. Niemand muss mehr auf

den herkömmlichen Schlagabtausch zurückgreifen, weil es
keine andere Methode der Auseinandersetzung gibt.

PARALLELES DENKEN – DIE SECHS HÜTE

1. In der traditionellen verbalen Auseinandersetzung bringt
    jede Partei ihre vorgefertigten Argumente vor und ver-
    sucht dann, ihren Standpunkt zu verteidigen und den der
    anderen Partei zu attackieren. Eine tatsächliche Erkun-
    dung des Themas findet, wenn überhaupt, nur sehr be-
    grenzt statt.

2. Paralleles Denken ersetzt den Schlagabtausch durch ge-
    meinsame Erkundung und Vertiefung eines Themas, bei
    der alle Beteiligten zu jedem Zeitpunkt „parallel" den-
    ken.

3. Die Denkrichtung wird durch die sechs farbigen Hüte
    vorgegeben, von denen jeder für eine bestimmte Art des
    Denkens steht. Wichtig ist, dass alle gleichzeitig immer
    denselben Hut „tragen", denn darum geht es beim „paral-
    lelen Denken".

4. Der weiße Hut steht für die Konzentration auf Informa-
    tionen. „Was haben wir? Was brauchen wir? Wie bekom-
    men wir die Informationen, die wir brauchen?"

5. Der rote Hut erlaubt jedem, seine Gefühle offen aus-
    zudrücken, seine Empfindungen wie seine Intuition zu
    äußern, ohne dafür irgendwelche Gründe angeben zu
    müssen.

6. Der schwarze Hut steht für „Vorsicht" und konzentriert
    sich auf Fehler, Schwächen, mögliche Pannen und darauf,
    warum etwas nicht zu den Ressourcen, den Strukturen
    oder anderem passt.

7. Beim gelben Hut wendet man sich den Vorteilen und dem
    Nutzen und darüber hinaus der Frage zu, wie etwas er-
    reicht werden kann.

8. Der grüne Hut fordert zu kreativen Bemühungen auf, für die er zugleich die Zeit und den Raum sichert. Unter dem grünen Hut wird von jedem erwartet, sich kreativ einzubringen.

9. Der blaue Hut lenkt das Denken. Er gibt die Richtung vor und trägt die Ergebnisse zusammen.

10. Die Hüte können jederzeit auch einzeln benutzt werden, um zu einer bestimmten Denkweise aufzufordern. Sie ermöglichen ein rasches „Umschalten" des Denkens.

11. Die Hüte können die Reihenfolge vorgeben, in der ein Thema angegangen werden soll. Die Reihenfolge wird je nach erforderlichem „Denktyp" variieren.

12. Mittels der Hüte kann man sicherstellen, dass jeder seine Denkkapazität voll für das Thema einsetzt. Wer sich immer noch profilieren will, kann es tun, indem er unter jedem einzelnen Hut möglichst viel beiträgt.

9
Konzepte

Konzepte machen einen wichtigen Teil des Denkens aus. Wer geistige Attraktivität entwickeln will, muss imstande sein, mit Konzepten umzugehen. Die meisten Menschen finden den Terminus „Konzept" vage, abstrakt und akademisch. Das trifft besonders auf US-Amerikaner zu, unter denen ein regelrechter Hunger nach praktischen, schnell realisierbaren Mach-schon!-Anweisungen herrscht.

Doch Konzepte sind die Eltern praktischer Ideen. Kann man die Eltern eines Kindes ausfindig machen, dann kann man auch die Brüder und Schwestern und sogar die übrigen Verwandten aufspüren.

Einst erzählte mir der Bürgermeister einer Kleinstadt in Australien, die Stadt habe ein Problem mit den Pendlern, die jeden Morgen von außerhalb kamen und ihre Wagen den ganzen Tag in den Straßen der City parkten. Die Einwohner dieser Viertel fanden nun keine Parkplätze mehr in der Innenstadt, wenn sie in den Läden einkaufen wollten.

Wären Parkuhren die Lösung und welches „Konzept" verbirgt sich hinter ihnen? Das Konzept könnte lauten: „Gewinn damit machen, dass die Menschen parken müssen." Dieser Ansatz ist möglich, aber kaum der Hauptgrund. Ein anderes Konzept könnte sein: „Dafür sorgen, dass so viele Menschen wie möglich denselben Parkplatz an einem Tag nutzen können." Das klingt schon wahrscheinlicher.

Wenn das das Konzept ist, könnte man es auch auf andere Weise „durchsetzen". Durch den Verzicht auf Parkuhren spart man öffentliche und private Gelder und jeder parkt seinen Wagen irgendwo auf den markierten Parkstreifen – aber die Scheinwerfer müssen eingeschaltet bleiben.

Niemand möchte sein Auto mit eingeschalteten Scheinwerfern länger als ein paar Minuten stehen lassen, denn darunter leidet die Batterie. Also würden die Leute parken, in die Läden hasten – was den Einzelhändlern wahrscheinlich nicht besonders gut gefallen würde – und so schnell wie möglich wieder zurücksprinten. So viel zu den Anwohnern. Die Berufspendler müssten sich nach anderen Alternativen, beispielsweise Park-and-Ride-Parkplätzen in den Vororten, umsehen und mit öffentlichen Verkehrsmitteln ins Zentrum fahren.

Man isst immer „Essen". Aber isst man jemals „Essen" als solches? Tut man nicht. Man entscheidet sich für Steaks, Hühnchen, Erdbeeren etc. Man isst immer eine bestimmte Art von Essen und nicht „Essen" an sich. Essen ist ein „Konzept", ein Hamburger ist die praktische „Idee" dazu.

Warum sich mit Konzepten abplagen?

Einer der Hauptgründe, warum wir uns mit Konzepten beschäftigen sollten, ist, dass sie uns erlauben, andere Ideen dazu „auszubrüten". Um auf die „Parkuhr" zurückzukommen: Wahrscheinlich gibt es andere und deutlich bessere Möglichkeiten der maximalen Ausnutzung vorhandener Parkfläche.

Die meisten Versuche, den Verkehrsstaus in den Städten entgegenzuwirken, weisen einen wesentlichen Fehler auf. Wenn der Verkehr dadurch reduziert wird, dass mehr Leute ihre Autos stehen lassen, profitieren davon diejenigen, die ihre Autos nicht zu Hause lassen – und nun freiere Straßen haben.

Also müssen wir uns ein „Konzeptziel" setzen. Wie belohnen wir die Menschen, die ihre Autos stehen lassen? Eine Methode besteht darin, dass jeder, der mit dem Auto in die Stadt fahren will, spezielle Genehmigungsplaketten braucht, die im Wagen angebracht werden müssen. Jeder Autobesitzer kann eine dieser Plaketten erwerben. Allerdings braucht man, um in die Stadt hineinzufahren und dort zu parken, drei Genehmigungen. Was tut man also? Man kauft die anderen beiden Plaketten von Leuten, die ihr Auto in der Garage lassen. Diese Leute werden dann „dafür bezahlt", nicht mit dem Wagen in die Stadt zu fahren. Wird nur eine begrenzte Zahl von Genehmigungen ausgegeben, herrscht irgendwann Knappheit, und der Preis erhöht sich, so dass nur noch in die Stadt fahren kann, wer dafür viel bezahlen will. Das Arbeitskonzept lautet: „Das Fahren in der Stadt teuer machen."

Dieses Konzept kann auch anders umgesetzt werden, indem man beispielsweise die limitierten Fahrgenehmigungen versteigert. Damit allerdings belohnt man diejenigen nicht, die ihre Autos zu Hause lassen.

Das Konzept erkennen

Was ist das Konzept der Unfallversicherungen? Das Konzept dahinter könnte darin bestehen, dass alle Menschen Risiken ausgesetzt sind und deshalb Beiträge zahlen, von denen die profitieren, die tatsächlich Unfälle erleiden.

In unseren Wohnungen und Häusern leben Hunde, Katzen und Kaninchen. Sie fallen unter den Oberbegriff „Haustier". Dazu können auch Kanarienvögel und weiße Mäuse gehören. Wie würde man das „Konzept" Haustier definieren?

Man könnte sagen: „Eine lebendige Kreatur, die im Haus gehalten wird, ohne einen praktischen Zweck zu erfüllen, außer dem, geliebt zu werden." Das ist nicht ganz korrekt, denn die Katze könnte Mäuse fangen und der Hund als Wachhund dienen. Also sollte man das Konzept vielleicht anders formulieren: „Eine lebendige Kreatur, die hauptsächlich zu dem Zweck im Haus gehalten wird, geliebt zu werden und Gesellschaft zu leisten."

Wann immer Sie jemandem zuhören, sollten Sie sich bemühen, das Konzept zu entschlüsseln, das hinter dem Gesagten steht. Stellen Sie es sich wie eine Art Kurzschrift vor, eine Zusammenfassung: die Essenz des Gesagten.

Beispielsweise wird über Erziehung diskutiert. Es werden Vorschläge zur Veränderung gemacht. Sie glauben, Sie hätten das vorgeschlagene Änderungskonzept erkannt.

„Das alte Konzept der Erziehung war, den freien Verstand zu entwickeln, der kultiviert war und alles lernen konnte. Dieser ‚Verstand' wurde mit einer Menge Fachwissen gefüttert. Das neue Konzept könnte sein, Kinder so auszurüsten, dass sie innerhalb der Gesellschaft funktionieren und zur Gemeinschaft beitragen. Das heißt, es wird mehr Gewicht auf Denkfertigkeiten, die Schaffung von gesellschaftlichen Werten, praktische Mathematik etc. gelegt. Ist das richtig?"

Für die beiden Konzepte gibt es zwei Fachausdrücke: „liberale Erziehung" und „utilitaristische Erziehung". Leider hat das Wort „utilitaristisch" einen einengenden, negativen Beigeschmack. Es impliziert, dass man die Menschen direkt zu Zimmerleuten, Klempnern, Verkäufern etc. ausbildet, was ein ziemlicher Unterschied zur Förderung von Denkfertigkeiten ist.

Wenn solche Oberbegriffe im Raum stehen, neigen wir oft dazu, die Dinge auf standardisierte Weise zu betrachten. Genau genommen steht das oben vorgeschlagene Bildungskonzept irgendwo zwischen liberaler und utilitaristischer Erziehung.

Dasselbe geschieht, wenn es um den direkten Unterricht im Denken geht. Die Pädagogen sagen: „Dafür haben wir die Philosophie." Aber das stimmt ganz und gar nicht. Die Philosophie bringt uns nicht die praktische Ausübung des Denkens bei. Selbst wenn sie uns „Logik" lehrt, macht Logik doch nur einen kleinen Teil des täglichen Denkens aus, bei dem Wahrnehmung eine weit größere Rolle spielt.

Wenn Sie glauben, das Konzept hinter dem Gesagten ausgemacht zu haben, können Sie dies überprüfen, indem Sie nachfragen: „Mir scheint, das Konzept hinter dem ... ist ... Stimmt das?"

Unbestimmtheit

Konzepte erscheint immer ziemlich vage. Man kann sich einen Hamburger vorstellen. Man kann einen Hamburger sehen. Man kann einen Hamburger essen. Man kann einen Hamburger genießen. All diese Dinge kann man mit dem vagen Konzept des „Essens" nicht tun. Man kann in eine Zoohandlung gehen, um sich einen Welpen oder eine kleine Katze zu kaufen. Man wird nicht mit dem unbestimmten Konzept „ein Haustier kaufen" hingehen.

Das Wort „Belohnung" ist ein Konzept. Die Belohnung kann unterschiedliche Formen annehmen: ein Lächeln, ein vom Lehrer vergebener Stern, Geld, ein Preis, Lob, Beförderung etc. Eine Belohnung ist eine Anerkennung für Bemühung und Leistung. Das Konzept ist vage, aber sehr nützlich und praktisch.

Ein Arbeitgeber möchte sein Personal belohnen. Zuerst kommt das Konzept und dann gilt es, herauszufinden, was infrage käme und worüber sich die Mitarbeiter am meisten freuen würden.

Man bricht zu einer Reise auf. Man weiß, welche Route man nehmen muss. Man sagt jedoch nicht bewusst: „Jetzt fahre ich nach Norden." Man nimmt die Straße, die man kennt, und fährt dabei zufällig Richtung Norden. Begibt man sich jedoch auf eine längere Fahrt und kennt den Weg nicht genau, kann die folgende Anweisung hilfreich sein: „Fahr nach Norden, bis du in Castleford bist, und dann fährst du Richtung Osten bis Terence." Hier sind die Richtungsangaben sehr wichtig.

Mit Konzepten verhält es sich genauso. Wenn man mit etwas sehr Vertrautem zu tun hat, scheint man keine Konzepte zu brauchen – wenngleich sie trotzdem da sind. Geht es allerdings um weniger bekannte Dinge, können Konzepte sehr nützlich sein.

„Erzähl mir nicht, ich solle ‚Essen' kaufen, sondern sag mir genau, was ich einkaufen soll!"

Man geht nicht in Unterwäsche auf die Straße. Normalerweise trägt man aber Unterwäsche. Sie ist nicht zu sehen, auch wenn sie die ganze Zeit da ist. Mit Konzepten ist es dasselbe. Sie sind da. Sie liegen den praktischen Dingen zugrunde, die wir tun – obschon wir uns ihrer selten bewusst sind.

Konzeptebenen

Ein weiterer schwieriger Punkt im Umgang mit Konzepten ist die Frage „Welche Konzeptebenen benutzen wir?" „Essen" ist ein Konzept. „Protein" ist allerdings auch eines. Man könnte sogar sagen, „Steak" sei ebenfalls ein Konzept, weil es viele verschiedene Arten von Steaks gibt. Also ergeben sich drei Konzeptebenen, vom sehr weit gefassten Begriff bis zum spezifischeren. Woher weiß man, welche Ebene man braucht?

Es gibt keine Zauberformel dafür, welche Konzeptebene wir anwenden müssen. Manchmal ist die sehr weit gefasste angemessen. Eine Hilfsorganisation etwa sagt: „Die Menschen brauchen Unterkunft und Essen." Damit könnte gemeint sein, dass es jede Form von Essen tut. Während der Hungersnot in Irland, die durch Braunfäule auf den Kartoffelfeldern verursacht wurde, schickte die britische Regierung Weizen auf die Insel. Diese Maßnahme war sinnlos, denn die Iren wussten nicht, wie man aus Weizen etwas Nahrhaftes zubereitet.

Sehr weit gefasste Konzepte sind im Allgemeinen nicht besonders nützlich – außer man will sie mit anderen Konzepten vergleichen.

„Sollten wir in der Erziehung eher auf ‚Belohnung' oder auf ‚Strafe' setzen?" In diesem Fall erfüllen die dehnbaren Begriffe durchaus einen Zweck.

Ein anderes Extrem sind Konzepte, die so spezifisch gefasst sind, dass sie beinahe zu praktischen Ideen werden. „Steak" ist zwar ein Konzept, schließt aber Fisch, Hühnchen, Pasta etc. aus. Die Gefahr bei allzu spezifischen Konzepten ist jedoch, dass sie das Denken einengen.

Denkt man nur an „Belohnung durch Geld", erkennt man eventuell nicht, dass ein Lächeln, ein Wort des Lobes oder irgendeine andere Form der Anerkennung den Menschen viel mehr bedeuten könnte als Geld.

„Erfolgserlebnis" ist ein dehnbarer Begriff. Kinder brauchen Erfolgserlebnisse. Engen wir das Konzept auf „sportliche Erfolge" ein, beginnen wir vielleicht, mehr Sportanlagen zu bauen, mehr Schwimmhallen etc. Aber es begeistern sich längst nicht alle Kinder für Sport, und es gibt außerdem günstigere Methoden, für Erfolgserlebnisse zu sorgen.

Die Grundregel bei Konzepten lautet: nicht zu allgemein und nicht zu spezifisch. In der Praxis testet man verschiedene Ebenen, um die angemessene zu finden. Irgendwann sagt uns unser Gefühl, welche Konzeptebene richtig ist.

Konzeptarten

Ebenso wie es unterschiedliche Konzeptebenen gibt, gibt es auch unterschiedliche Konzeptarten.

Jemand bringt eine neue Geschäftsidee auf. Sie besteht darin, Fastfood anzubieten, ohne ein eigenes Restaurant zu führen. „Pete's Food" wird in einer Zentralküche zubereitet. Dabei handelt es sich um durchschnittliches Essen von durchschnittlicher Qualität, das zu einem durchschnittlichen Preis zu haben ist. Jedes Restaurant kann sich ein Schild ins Fenster hängen, auf dem steht: „Wir servieren auch Pete's Food zu Pete's-Preisen." Welche Konzepte stecken dahinter?

Zum einen sind da die Konzepte der Wirtschaftlichkeit. Man braucht keine teuren Immobilien zu kaufen oder anzumieten, weil man die anderer mitbenutzt. Weil das Angebot begrenzt und von Standardqualität ist, hat man weniger Produktionsüberschuss und spart, indem man größere Mengen zubereitet. Statt mehrerer Küchen unterhält man eine Zentralküche. Zum anderen ist da das Konzept der „Marke". Man kann eine Werbestrategie nutzen, wie sie sich ein einzelnes Restaurant nie leisten könnte. Außerdem ist die Markenreichweite sehr groß, was der Förderung der Kundenloyalität zugute kommt.

Hinzu kommen die Konzepte der Kundenbindung. Der Markenname steht für eine bestimmte Qualität und für Verlässlichkeit: Der Kunde weiß, was er bekommt, ganz gleich wie das Restaurant aussieht, in dem er es kauft. Dann ist da der verlässliche Preis: Der Kunde weiß im Voraus, was ihn das Essen kostet. Genau genommen ergeben sich fast alle Vorteile, die klassische Fastfood-Restaurants auch bieten. Das angemessene Ambiente ist vielleicht nicht immer garantiert, aber selbst das ließe sich korrigieren, indem man

Inspektionen vornimmt und einen Standard vorgibt, also ungeeignete Lokale gar kein „Pete's Food" anbieten lässt.

Von großer Bedeutung ist auch das Vertriebskonzept. Dies ist das zentrale Element des Geschäfts, denn ohne funktionierenden Vertrieb ist die Idee unbrauchbar, egal wie großartig sie sein mag. Das Vertriebskonzept besteht darin, die Einrichtungen der Partnerfirmen zu nutzen. Man kann das Essen täglich oder weniger oft liefern, wenn Lagermöglichkeiten gegeben sind.

- Die Frage nach dem Konzept der Wirtschaftlichkeit lautet: „Inwiefern wäre das ein profitables Geschäft?"
- Die Frage nach den technischen und den Vertriebskonzepten lautet: „Wie stellen wir es an?"
- Die Frage nach den Wertkonzepten lautet: „Welche Werte sind da und welche nimmt der Käufer, Klient oder Kunde wahr?"
- Die Frage nach dem Werbekonzept lautet: „Wie erfahren die Leute davon?"
- Die Frage nach den Akzeptanzkonzepten lautet: „Warum sollten die Leute die Idee akzeptieren?"
- Die Frage nach den Wettbewerbskonzepten lautet: „Was könnte die Konkurrenz tun, und wie wird es sich auf uns auswirken?"

Kurz: Es gibt eine Menge Konzeptarten. Jeder Bereich hat seine eigenen Varianten, wie auch jedes Gebiet nach eigenen praktischen Ideen verlangt.

Übung

Konzepte sind heikel, und sich anzugewöhnen, sie jederzeit bewusst wahrzunehmen, ist gewiss nicht einfach. Doch statt

vor dieser so wichtigen Komponente der geistigen Schönheit
zurückzuschrecken, sollte man ruhig ein wenig Mühe in sie
investieren. Im Folgenden findet sich eine Übung, die Ihnen
dabei hilft.

Versuchen Sie, in jeder der unten beschriebenen Situationen die Konzepte zu entdecken, die sich dahinter verbergen.
Sie können die Übung allein machen oder mit anderen und
die Ergebnisse hinterher vergleichen und diskutieren.

Sie sollten sich immer bemühen, das zentrale Konzept
zu erkennen, aber versuchen Sie auch, die unterschiedlichen
Konzeptarten zu entdecken.

- Hotels,
- Urlaub,
- Internet,
- Schuhe,
- Telefone,
- Treppen,
- Werbung,
- Banken,
- Bars,
- Anwälte.

Vollständigkeit

Konzepte sind selten vollständig. Sie beschreiben die wesentliche „Essenz", decken aber zumeist nicht alle Aspekte
ab.

Was ist das Konzept eines Baums?

- Eine Form der zentralisierten Aufnahme von Energie
  (Sonne) sowie von Wasser und Nährstoffen (aus dem
  Boden).

- Eine Form, eine große Menge lichtempfindlichen Materials (Blätter) auf effizientere Weise anzuordnen als durch die Ausbreitung auf dem Boden (Gras).
- Eine Form, das lichtempfindliche Material oberhalb des Bodens mittels Höhenwachstum gegen ein konkurrierendes Umfeld (Büsche und andere Bäume blockieren das Sonnenlicht) durchzusetzen.
- Ein biologischer Organismus mit einer großen Lebenserwartung. Manche Bäume werden achthundert Jahre alt.

Jedes dieser Konzepte ist gültig, und keines von ihnen deckt die Gesamtsituation vollständig ab. Wir haben es hier mit einer Sammlung relevanter Konzepte zu tun. Sie können zwar versuchen, sie zu einem einzigen Konzept zu bündeln, doch das wäre wahrscheinlich zu komplex und ebenfalls alles andere als vollständig.

Obwohl es Überlappungen gibt, sind Konzepte doch nicht dasselbe wie Definitionen. Die Definition eines Dalmatiners beispielsweise könnte lauten: „Ein Hund, dessen Fell weiß mit schwarzen Punkten ist." Natürlich wäre zu einem Dalmatiner noch weit mehr zu sagen, wie Ihnen jeder Züchter bestätigen wird. Das Konzept eines Dalmatiners könnte sein: „Ein Hund von auffälligem Aussehen, der freundlich und leicht zu führen ist."

Die Definition einer Wahl könnte lauten: „Der Ausdruck einer Entscheidung durch eine Gruppe von Menschen." Das Konzept könnte sein: „Ein Mechanismus, durch den alle, die dazu berechtigt sind, ihre Entscheidung auf objektive Weise ausdrücken – und die Bereitschaft, die Resultate dieser Wahl zu akzeptieren." Die „Bereitschaft zur Akzeptanz" mag zunächst unnötig erscheinen, stellt aber in Wahrheit eine Schlüsselkomponente dar.

Vergleichen und gegenüberstellen

Haben Sie sich erst einmal damit angefreundet, mit Konzepten umzugehen und die Konzepte hinter Gesagtem oder Geschriebenem zu entdecken, können Sie mit dem Vergleichen und Gegenüberstellen beginnen.

„Wie unterscheidet sich dieses Konzept von jenem?" „Sind diese beiden scheinbar unterschiedlichen Konzepte in Wahrheit identisch und nur Ausdruck eines breiter angelegten Konzepts?" „Hat sich das Konzept wirklich verändert, oder handelt es sich hier lediglich um eine Variation?" „Ist dieses Konzept in dem anderen enthalten?"

Die Arbeit mit Konzepten bietet uns andere Perspektiven und andere Wahrnehmungsmöglichkeiten.

Was ist das Konzept des „öffentlichen Personenverkehrs"?

Ist „öffentlich" ein wesentlicher Teil? Impliziert es das Konzept „Benutzung ohne Besitzzwang"? Ist die Schlüsselkomponente des öffentlichen Personenverkehrs die, dass sich viele Menschen auf einer vergleichsweise kleinen Verkehrsfläche bewegen? Hier haben wir es mit hoher Verkehrsverdichtung zu tun. Würden alle Menschen aus dem Bus aussteigen und mit ihren eigenen Wagen fahren, müssten sie weit mehr Fläche beanspruchen.

Oder lautet das Konzept „Bezahlung nur bei Benutzung"? Man muss den Bus nicht besitzen, in einer Garage unterstellen können, zur Inspektion bringen etc. Transport kann also in geringen Mengen „gekauft" werden.

Es gibt auch negative Konzepte. Der öffentliche Personenverkehr ist nicht auf Anforderung erhältlich, sondern Zeiten und Abfahrtspunkte sind festgelegt. Außerdem ist die Wahl der Ziele eingeschränkt, öffentliche Verkehrsmittel bieten keine Privatsphäre etc.

KONZEPTE

1. Konzepte bilden einen wichtigen Teil des Denkens und sind eine Schlüsselkomponente der geistigen Schönheit.

2. Konzepte sind wie Eltern, die Kinder (Ideen) gebären, und wie Wegkreuzungen, von denen aus man sich in viele verschiedene Richtungen bewegen kann.

3. Konzepte sind wichtig, um Ideen zu entwickeln und zukünftige Vorgehensweisen zu entwerfen. Wo man auf keine Routine zurückgreifen kann, braucht man Konzepte.

4. Sie sollten die Konzepte erkennen können, die sich hinter dem Gesagten oder Geschriebenen verbergen.

5. Haben Sie die Konzepte erst einmal erkannt, können Sie sie vergleichen und einander gegenüberstellen. Sind sie wirklich unterschiedlich? In welchen Punkten unterscheiden sie sich?

6. Konzepte erscheinen immer vage, weil sie in spezifische Ideen übersetzt werden müssen, bevor man sie nutzen kann.

7. Sie können ein Konzept benutzen, ohne sich des Konzepts selbst bewusst zu sein.

8. Es gibt unterschiedliche Arten von Konzepten: Konzepte der Wirtschaftlichkeit, Wertkonzepte, technische Konzepte, Funktionskonzepte etc. Wo Ideen sind, sind immer auch Konzepte.

9. Es gibt verschiedene Konzeptebenen, von „sehr weit gefasst" bis hin zu „ziemlich spezifisch". Im Allgemeinen ist die mittlere Ebene für den Anfang die brauchbarste.

10. Konzepte sind nicht immer vollständig, aber sie beinhalten die wichtigen Aspekte dessen, was gesagt oder getan wird.

11. Konzepte, Definitionen und Beschreibungen überlappen sich gegenseitig. Beschreibungen müssen vollständig sein. Definitionen müssen festlegen und trennen. Konzepte suchen nach dem Essenziellen.

12. Fertigkeiten im Konzeptdenken werden nur durch Übung erworben. Ein Teil Ihres Verstandes sollte stets bemüht sein, die Konzepte zu erkennen und zu beobachten, nach denen Sie und andere vorgehen.

10
Alternativen

Alternativen sind ein so wesentlicher Bestandteil der geistigen Schönheit, dass sie ein eigenes Kapitel verdienen, auch wenn sie in den vorherigen Kapiteln schon häufig erwähnt wurden. Man könnte beinahe behaupten, dass sich die geistige Attraktivität nach der Fähigkeit bemisst, sich Alternativen auszudenken.

Warum sind Alternativen so wichtig?

Alternativen sind das Gegenteil von Starrheit. Nicht bereit zu sein, nach Alternativen zu suchen, deutet auf einen sehr sturen Geist hin, der sich weigert, die Welt in einem klareren Licht zu sehen oder über bessere Methoden nachzudenken, wie Dinge getan werden können. Solche Starrheit zeugt von Arroganz und Abwehrhaltung.

Alternativen sind das Gegenteil von Trägheit. Wenn Sie sich mit dem zufrieden geben, was Sie gerade haben, und sich keine Verbesserung vorstellen können, unternehmen Sie keinen Versuch, Alternativen zu finden – oder sie sich auch nur anzuhören.

Fortschritt, Energie, Veränderung, Verbesserung und Vereinfachung bauen sämtlich auf der Suche nach Alternativen auf.

Wenn ein Problem auftritt, versuchen wir, es zu lösen. Probleme sind wie Kopfschmerzen oder ein Stein im Schuh. Wir wissen, dass sie da sind, und wollen sie loswerden. Also verwenden wir eine Menge Aufmerksamkeit und normalerweise auch eine Menge Zeit auf die Problemlösung.

Doch was, wenn kein Problem da ist? Was, wenn wir keinen Stein im Schuh haben? Was, wenn wir keine Kopfschmerzen haben? Besteht dann überhaupt Denkbedarf?

In gewissem Sinne kann eine adäquate Methode, etwas Bestimmtes zu tun, fast so problematisch sein wie ein echtes Problem. Ist die adäquate Methode die beste? Sollten wir vom Weiterdenken abgeschnitten sein, weil wir schon wissen, wie wir etwas tun oder sehen?

Besser

Stellen Sie sich eine Fernsehshow für Kinder vor. Auf dem Boden sind ein paar Eier verteilt. Sie befinden sich ungefähr sechs Meter vor einer roten Linie. Die Kinder bilden Zweierteams, deren Aufgabe darin besteht, möglichst viele Eier hinter die rote Linie zu bringen – ohne sie zu zerbrechen. Das Team, das die Aufgabe in der kürzesten Zeit löst, gewinnt.

Bei einem Team laufen beide Kinder los, heben ein oder zwei Eier auf und tragen sie über die Linie. Dann eilen sie wieder zurück und holen die nächsten Eier. Beide Kinder rennen dabei so schnell sie können.

Bei einem anderen Team steht ein Junge hinter der roten Linie und der andere bei den Eiern. Der Junge bei den Eiern hebt eines nach dem anderen auf und wirft sie dem anderen zu, der sie hinter die Linie legt. Ein oder zwei Eier fallen auf den Boden und zerbrechen.

Bei einem dritten Team zieht einer der Jungen sein T-Shirt aus und legt es ausgebreitet auf den Boden. Dann „beladen" die Jungen das T-Shirt mit den Eiern. Anschließend fassen sie jeder ein Ende des T-Shirts und tragen die Eier wie in einer Hängematte zur roten Linie.

Bei einem weiteren Team ziehen beide Jungen ihre T-Shirts aus, legen sie auf den Boden und beladen sie mit Eiern, bevor jeder sein „Netz" zur roten Linie trägt.

Wir sehen hier alternative Möglichkeiten, die Aufgabe zu bewältigen. Gewonnen hat das letzte Team.

In dieser besonderen Situation gibt es keine feste oder gängige Vorgehensweise, daher besteht die Herausforderung darin, die beste Methode zu finden. Bei dem Spiel sind Schnelligkeit und die Unversehrtheit der Eier die gegebenen Werte. Entsprechend ist die Methode die erfolgversprechendste, mit der man das Tempo erhöht und gleichzeitig möglichst viele Eier sicher ins Ziel befördert.

In dem Beispiel hat sich die Suche nach der „besseren" Alternative bezahlt gemacht. Und wie sieht es im richtigen Leben aus?

Im Unterschied zum Spiel gibt es für die meisten realen Situationen (mit Ausnahme von echten Problemfällen) bereits gängige Vorgehensweisen, die uns bekannt und vertraut sind. Wir müssen nicht erst, wie im „Eier-Spiel", einen Weg finden. Ist die Aufgabe neu, neigen wir dazu, nach Alternativen zu suchen. Wissen wir aber schon vorher, wie etwas gemacht wird, warum sollten wir dann nach einer besseren Methode suchen? Um Alternativen zu erforschen, muss man ihren Wert erkennen und motiviert sein, nach ihnen zu suchen.

Im Spiel war vor allem „schneller" gleichbedeutend mit „besser". Im richtigen Leben kommt es selten vor, dass man nur einen Maßstab für „besser" hat. Etwas besser zu machen, kann sich auf viele Werte beziehen. Geringere Kosten können den Wert von Alternativen ebenso ausmachen wie höhere Geschwindigkeit, Sicherheit oder Fortbildung. Und natürlich können Faktoren wie Traditionen oder Angst vor Veränderung die Suche nach Alternativen hemmen. All diese Werte und Faktoren müssen berücksichtigt werden.

Der wesentliche Punkt aber ist, dass, nur weil wir etwas auf eine bestimmte Art und Weise tun, diese Art und Weise nicht unbedingt die beste sein muss.

Vor vielen Jahren veranstaltete ich ein Seminar für die Postbehörde in Großbritannien, bei dem ich erklärte, dass Briefmarken keine aufgedruckte Wertangabe in Ziffern brauchen, und vorschlug, auf den Marken einfach nur allgemeine Angaben wie „Eilpost" etc. aufzudrucken. Der Kunde würde dann den jeweils aktuellen Preis für die Marke bezahlen, den man beliebig anpassen könnte, ohne dass die Marken ungültig würden. Einige Zeit später stellte die Post auf genau diese Methode um. Ich kann nicht beweisen, dass zwischen meiner Anregung und dieser Umstellung ein Zusammenhang besteht oder dass ich diese Veränderung in Gang gesetzt habe, aber Tatsache ist, dass ich diese Idee im Vorfeld äußerte. Mit der Veränderung brachen die Postbetreiber mit einer Jahrzehnte alten Tradition.

1971 leitete ich einen Workshop bei Shell Oil in London. Ich stellte die These auf, anstelle der traditionellen Art des Ölbohrens könnte es vielleicht eine bessere Methode geben. Meine Idee war, die Bohrung bis in die ölhaltige Schicht vertikal auszuführen und dann horizontal an dieser Schicht entlang. Heute werden fast alle Ölbohrungen weltweit auf diese Weise durchgeführt. Warum? Weil mit dieser neuen Bohrmethode fünf- bis sechsmal mehr Öl aus jeder Quelle gewonnen wird.

Wiederum handelte es sich um eine „Alternative", in diesem Fall eine Alternative zu den traditionellen Ölbohrtechniken. Und wieder kann ich nicht beweisen, dass die Veränderungen durch meine Idee ausgelöst wurden. Vielleicht hatten andere ebenfalls an der Idee gearbeitet. Auf jeden Fall wurde die Alternative vorgeschlagen, lange bevor die Idee umgesetzt wurde.

Die beiden Beispiele stehen für große Veränderungen, bei denen mit Methoden gebrochen wurde, die bereits Standard geworden waren.

Genau genommen laufen solche Prozesse in drei Stufen ab:

1. Die Bereitschaft, sich auf die Suche nach Alternativen zu machen, selbst wenn die bestehenden Vorgehensweise schon Tradition haben. Nur weil etwas seit langem auf ein und dieselbe Weise gemacht wird, heißt das noch lange nicht, dass dies die beste Weise ist.
2. Die kreative Bemühung, Alternativen zu schaffen. Vielleicht fallen uns mehrere Alternativen ein. Das hängt ganz davon ab, wie viel kreative Fertigkeit wir mitbringen und ob wir Methoden wie laterales Denken anwenden.
3. Die Einschätzung der Alternativen. Zunächst ist zu prüfen, ob die Alternative wirklich funktionieren kann und akzeptabel ist. Die zweite Ebene der Einschätzung ist die Prüfung, welche Vorteile die Alternative bietet und ob diese Vorteile ausreichen, um die Kosten für die Veränderung zu kompensieren. Die dritte Ebene der Einschätzung besteht in der Wahl einer von verschiedenen vorgeschlagenen Alternativen.

Viele Menschen empfinden diesen Prozess als zu offen. Man kann schließlich auch eine Menge Mühe investieren und am Ende keine besseren Alternativen finden. Viele meinen auch, der Prozess würde ihnen eine Menge Denkarbeit abverlangen, die sie nicht leisten wollen. Ganz zu schweigen von den Risikofaktoren: Was, wenn die Alternative sich in der Praxis nicht als besser, sondern als schlechter erweist?

Demzufolge ziehen es die meisten Menschen vor, gar nicht erst nach Alternativen zu suchen. Kann man ein Problem nicht lösen, muss man auf Vorwürfe gefasst sein, doch niemand würde jemandem den Vorwurf machen, keine bessere Methode zu finden, etwas zu tun, das bereits getan wird.

In normalen Gesprächen gibt es diese Risiken nicht. Schlägt man in einer Unterhaltung Alternativen vor, so weiß man, dass man für die Einschätzung und Umsetzung dieser Alternativen nicht in die Pflicht genommen wird. Die Alternativen können so weit hergeholt sein, wie sie wollen, weil die Realitätsprüfung weniger streng ist. Im Gespräch reicht es vollkommen aus, dass Alternativen machbar „klingen". Und es genügt, dass die Vorteile, die die Alternative bietet, glaubwürdig scheinen. Schließlich geht es hier nur um eine Denkübung.

Wahrnehmung

Die obigen Beispiele bezogen sich auf Handlungsalternativen, alternative Arten, Dinge zu tun. Für viele Menschen sind Wahrnehmungsalternativen aber noch viel wichtiger. Hierbei handelt es sich um alternative Wege, Dinge zu sehen. Aus den alternativen Wahrnehmungen ergeben sich ein anderes Handeln und andere Reaktionen.

Die meisten Unternehmen sehen in der Rezession ein Problem. Die Umsätze gehen zurück, eventuell muss man Mitarbeiter entlassen etc. Einige wenige Firmen betrachten eine Rezession jedoch in zweierlei Hinsicht als Chance. Zum einen dafür, in die Forschung und sogar in die Produktion zu investieren, damit man, sobald die Rezession vorbei ist, ein besseres Angebot vorweisen kann als die Konkurrenz. Und zum anderen als Zeit, in der schwächere Konkurrenten vom Markt verschwinden.

Ein Kind benimmt sich schlecht. Das kann man als Ungehorsam oder als Regelverstoß oder als Rebellion deuten. Man kann es aber auch als ein Zeichen von Unternehmungslust auffassen.

Ein Hobby kann als etwas gesehen werden, das Zeit kostet, die für Nützlicheres aufgewendet werden könnte. Ein Hobby kann aber auch als Quelle für Erfolgserlebnisse angesehen werden. Bei einem Hobby testen und bewerten wir selbst unser Können – und nicht der Lehrer oder Chef.

Jemand scheint sehr eifersüchtig auf Sie zu sein. Betrachten Sie das als schmeichelnd?

Immigranten kann man als Last für die nationalen Ressourcen auffassen. Man kann Immigranten aber auch als eine Vitaminspritze für die Nation ansehen, die neue Energien bringt.

Die beiden wohl eindrucksvollsten philosophischen Bemerkungen stammen von Henry Ford und Groucho Marx.

Als Henry Ford mit der Massenproduktion seiner Autos begann, sagte er seinen Kunden: „Sie können jede Farbe bekommen, die Sie wollen, solange es Schwarz ist." Der tatsächliche Grund dafür war, dass andere Farben viel länger zum Trocknen brauchten und so den Produktionsprozess verlangsamten.

Auf den Alltag übertragen heißt das: Solange man genau das will, was verfügbar ist, kann man sehr glücklich sein.

Groucho Marx sagte einmal: „Ich möchte keinem Club angehören, der mich als Mitglied aufnehmen würde." Vermutlich meinte er damit, dass sich bei Clubs, die ihn als Mitglied akzeptieren, eine Mitgliedschaft nicht lohnt.

Für die Wirklichkeit übersetzt heißt das: Wenn das, was man will, per definitionem unmöglich ist, dürfte es eher unwahrscheinlich sein, dass man glücklich wird.

Jeder von uns steht irgendwo zwischen der Aussage von Henry Ford und der von Groucho Marx. Letztlich ist es nur eine Frage der Wahrnehmung.

Eine andere Wahrnehmung ist nicht notwendig eine bessere Wahrnehmung. Sie kann sogar schlechter sein. Aber auf jeden Fall zeigt uns eine andere Wahrnehmung, dass es möglich ist, etwas anders zu sehen. Und dass es sie gibt, lässt auf die Möglichkeit schließen, dass andere sie auch haben.

In Großbritannien wird ein Bankrott als Desaster angesehen, das den Betroffenen gesellschaftlich stigmatisiert. In den USA betrachtet man es als eine zusätzliche, und vielleicht notwendige, Geschäftserfahrung.

Als ich ein Buch über Erfolg geschrieben und dazu verschiedene Leute interviewt hatte, die auf ihrem Gebiet erfolgreich waren, nahmen in Großbritannien viele Journalisten die Haltung ein, dass diese Leute wohl irgendwie alle geschummelt hätten. In den USA hingegen wurden ihre Erfolge bewundert, und man interessierte sich dafür, wie sie es geschafft hatten.

Wahrnehmungen variieren aus zahlreichen Gründen: sozialer Hintergrund, Kultur, Werte, persönliche Erfahrungen etc.

Nach alternativen Wahrnehmungen zu suchen, ist um einiges schwerer als die Suche nach alternativen Handlungsweisen. Wir finden es nun einmal schwierig, uns vorzustellen, jemand anderes könnte etwas vollkommen anders sehen als wir.

So könnte beispielsweise jemand vorschlagen, Autos von Fahrern, die gegen die Verkehrsregeln verstoßen haben, indem sie etwa mit deutlich überhöhter Geschwindigkeit gefahren sind, mit einem roten Streifen zu versehen. Auf diese Weise wäre nicht nur der Delinquent bloßgestellt, sondern die anderen Autofahrer würden zugleich vor ihm gewarnt. Auf den ersten Blickt scheint das keine schlechte Idee zu sein. Doch solch eine Maßnahme kann auch ganz anders wahrgenommen werden. Vielleicht versuchen einzelne Fahrer, so viele rote Streifen wie möglich zu sammeln, um den anderen zu zeigen, was für „Machos" sie sind. Eventuell findet zwischen jungen Männern sogar ein regelrechter Wettbewerb um die meisten Streifen statt. Außerdem könnten die Leute sich ihre roten Streifen auch selbst auf die Autos malen. Damit könnte der sichtbare Verstoß gegen Verkehrsregeln als „Erfolg" angesehen werden.

Alternative Werte

Alternative Werte zu akzeptieren, ist immer sehr schwierig. Wie kann jemand Werte haben, die anders sind als unsere?

In der westlichen Welt wird Individualismus ausgesprochen hoch geschätzt. Die Betonung liegt eindeutig auf dem Ego. Das Individuum erreicht etwas oder es scheitert, es muss belohnt werden oder verdient eine Strafe. Und während es sich in unterschiedlichen Funktionen und Rollen bewegt, bleibt das Ego doch durchgängig dasselbe. Die Gesellschaft wird als eine Struktur betrachtet, die jedem die individuelle Freiheit sichert, sein Potenzial auszuschöpfen und einen gesellschaftlichen Beitrag zu leisten.

In Japan hingegen liegt die Betonung auf der Gruppe. Man fügt sich ein. Man fällt nicht auf. Wie bei einem Torbogen erfüllt jeder einzelne Stein seine Funktion, ohne hervorzustehen und so das Bild des Bogens zu stören. Etwas zu erreichen, ist für die Menschen gleichbedeutend damit, in eine Gruppe zu passen. Es gibt kein Ego, das den unterschiedlichen Rollen und Funktionen übergeordnet ist. Am Tag ist ein Mann ein guter Geschäftsmann. Am Abend ändert sich die Gruppe. Nun kann er ein geselliger Mann sein, der mit Freunden Drinks nimmt. Anschließend geht er nach Hause, wo er ein guter Familienvater ist. Es handelt sich hier um jeweils unterschiedliche Personen, die einzig durch denselben Namen, dieselbe Kleidung etc. verbunden sind.

Wenn ein Japaner Selbstmord begeht, weil er beruflich gescheitert ist oder in seiner Ehre verletzt wurde, hat das nichts mit Gesichtsverlust zu tun. Diese Person ist aus der Gruppe herausgefallen und existiert theoretisch gar nicht mehr. Der Selbstmord ist gewissermaßen eine Bereinigung der Umstände.

Die Chinesen lieben das Glücksspiel. Kommt es daher, dass sie vom Geld besessen sind? Es scheint ziemlich wahrscheinlich. Die chinesische Religion unterscheidet sich deutlich von den westlichen Religionen mit einem Gott, Heiligen etc. In der chinesischen Kultur liegt die Betonung auf Glück, Geistern, Aberglaube etc. Wenn jemand spielt, befindet sich diese Person „im Gespräch" mit den Geistern. Gewinnt sie, dann heißt das, dass die Geister ihr zulächeln. Verliert sie, runzeln die Geister die Stirn, und niemand möchte vom Spieltisch aufstehen, ehe die Geister ihm nicht wieder wohlgesinnt sind.

In einigen Kulturen sind Ehre und Vertrauen sehr wichtige Werte, die allen sonstigen Werten übergeordnet sind. In anderen Gemeinschaften scheinen Pragmatismus und Pfiffigkeit höher bewertet zu sein, und man wird dort für alles respektiert, „womit man durchkommt".

Einige Leute legen Wert auf ihre Privatsphäre. Andere suchen die Öffentlichkeit und wollen auffallen. Manche brauchen viel Aufmerksamkeit, andere hassen sie. Einige Leute wollen in Ruhe gelassen werden, während andere immer mitten im Geschehen sein möchten. Manche Menschen mögen Stabilität, manche Veränderung.

Alternativen entwickeln

Woher kommen Alternativen? Es gibt Alternativen, die allgemein bekannt sind. Wenn Sie abends essen gehen wollen, können Sie zwischen verschiedenen Restaurants wählen, haben also mehrere Möglichkeiten.

Der erste Schritt ist der, über die bekannten Alternativen nachzudenken. Gibt es keine oder sind sie bereits ausgeschöpft, muss man neue entwickeln. Es gibt einige Grundtechniken, mit denen sich „frische" Alternativen gewinnen lassen.

Eine Methode besteht darin, dass man die gegenwärtige Vorgehensweise prüft, um das Konzept zu erkennen, das dahinter steckt (vgl. das Kapitel über Konzepte, Seite 119ff.). Dann fragt man: „Auf welche anderen Arten kann dieses Konzept umgesetzt werden?"

Zum Beispiel schlägt jemand vor, die Preise für bestimmte Produkte zu senken, um so die Umsätze anzukurbeln. Welches Konzept steckt dahinter? Es könnte „mehr wahrgenommener Wert" sein.

Wie ließe sich dieses Konzept noch verwirklichen? Man könnte eine größere Menge zum selben Preis anbieten. Man könnte Coupons ausgeben, die einen Nachlass bei anderen Produkten gewähren. Man könnte einen Extraservice wie eine Gratisversicherung anbieten. Man könnte die Garantiezeit verlängern. Man könnte eine „Geld-zurück-Garantie" geben.

Ein Cadillac-Händler in Kalifornien erzählte mir einmal, dass die Leute zu Zeiten des Börsenbooms weniger Cadillacs kauften, weil sie ihr Geld lieber in Aktien anlegten. Ich schlug ihm vor, statt der normalen Preisnachlässe ein Angebot zu entwerfen, bei dem die Leute einen Cadillac kaufen und zugleich ihr Geld an der Börse lassen konnten. Ich stellte es mir so vor, dass der Käufer eine bestimmte Aktie nennt, deren Entwicklung der Verkäufer über ein Jahr (oder einen anderen Zeitraum) nachrechnet. Dann bietet er dem Käufer als Nachlass den Gewinn an, den eine Investition des Wagenpreises in diese Aktien dem Käufer an Gewinn gebracht hätte. Hier müsste man natürlich einen Höchstwert vereinbaren. Auf jeden Fall wäre das Geld für den Wagen „virtuell" an der Börse angelegt – mit dem Vorteil, dass der Gewinn selbst dann anfällt, wenn der Börsenkurs zwischenzeitlich nachgibt.

Diese Methode funktioniert bei der Suche nach Handlungs-alternativen sehr gut. Um alternative Wahrnehmungen zu schaffen, müssen jedoch andere Techniken angewendet werden.

Zunächst einmal können wir uns bemühen, eine Situation aus der Sicht anderer zu betrachten. Wie wird eine Benzin-preiserhöhung von unterschiedlichen Gruppen wahrgenom-men – von Autofahrern, Busunternehmen, Speditionen, Ölgesellschaften, Tankstellen, Restaurants außerhalb der Städte, der Polizei etc.?

Wie wird das Thema „arrangierte Ehen" gesehen – von weniger attraktiven Menschen, von Menschen, die sehr iso-liert leben, von älteren Menschen, von Geschiedenen, von Heiratsvermittlern etc.?

Eine andere Herangehensweise wäre, ein Thema genau gegensätzlich zu betrachten, als man es für gewöhnlich tut. Die normale Sichtweise mag sein, dass ein höheres Strafmaß die Kriminalitätsrate reduziert. Eine andere Wahrnehmung dazu kann sein, dass die Gewalt zunimmt, weil Zeugen eli-miniert werden müssen. Und die Gerichte könnten sich mit der Urteilsfindung schwerer tun, weil die Strafen so hoch ausfallen.

Gutes Benehmen wird allgemein als etwas Löbliches aufgefasst. Also versucht man sich vorzustellen, wie gutes Benehmen als schlecht wahrgenommen werden könnte. Das entsprechende Verhalten kann man lernen, und es muss nicht echt sein. Menschen können sich gutes Benehmen aneignen, um andere zu täuschen. Wenn jeder untadelige Manieren vorspielen kann, woher weiß man dann, wann man einer wirklich rücksichtsvollen und wohlmeinenden Person gegen-übersteht? Am Ende kann man immer noch dieselbe Einstel-lung zu gutem Benehmen haben, aber man hat sich vielleicht erstmals klar gemacht, dass gutes Benehmen manchmal als Deckmantel für unlautere Absichten dient.

Um alternative Werte zu erkennen, muss man eine ganze Liste möglicher Werte durchgehen. Da sind einerseits die persönlichen Werte: wichtig sein, bemerkt werden, Selbstwert, Prestige, Aufmerksamkeit, Wertschätzung, Bewunderung, Loyalität etc. Und dann muss man noch die eher materiellen Werte berücksichtigen: Geld, Beförderungschancen, neue Kontakte, Berühmtheit, Referenzen etc.

Kulturelle Werte sind weit schwerer einzuschätzen, wenn man keine direkten Erfahrungen mit der anderen Kultur hat oder keinen Einblick in sie. Hilfreich ist in diesen Fällen die direkte Frage: Welche Werte sind hier entscheidend? Warum ist Ihnen dies oder jenes wichtig?

Möglich

Die Bedeutung des Wortes „möglich" wurde bereits erwähnt. Der wissenschaftliche Fortschritt kommt nicht durch Gewissheiten zustande, sondern weil man Dinge für „möglich" hält, also Hypothesen aufstellt. Man sagt, die chinesische Wissenschaft und Technologie, die der westlichen vor zweitausend Jahren weit voraus war, sei deshalb zurückgefallen, weil sie keine „Hypothesen" entwickelte. Eine Hypothese ist nicht stichhaltig, solange sie nicht bewiesen wurde. Bis dahin gilt sie nur als „möglich". Doch dieses „Möglich" weist uns den Weg auf der Suche nach neuen Beweisen und erlaubt uns, zu experimentieren.

Ein Polizeiermittler benutzt Hypothesen, um den möglichen Hergang eines Verbrechens zu rekonstruieren, und folgt dann diesen Hypothesen.

Bei Alternativen zu Handlungsweisen oder Ideen geht es um die Zukunft. Wir können nicht sicher sein, ob sich ein bestimmtes Handeln oder eine Idee in der Praxis bewähren wird. Der Erfolg kann wahrscheinlich oder auch nur möglich sein. Aber sobald die Idee vorgebracht wurde, kann sie geprüft und sogar in Testsituationen erprobt werden.

Alternativen zu Erklärungen oder Wahrnehmungen beziehen sich auf die Gegenwart und die Vergangenheit. „Wodurch wurde es verursacht?" „Wie wird es wahrgenommen?" Auch hier kann es schwierig sein, etwas nachzuweisen, also muss man zunächst wieder beim „Möglich" beginnen, sich von dort aus zum „Wahrscheinlich" und schließlich zum „Sicher" vortasten.

Ist die Möglichkeit allzu weit entfernt, wird sie zur Phantasie. Die kann immer noch einen Wert haben, indem sie etwa ein neues Denken provoziert oder einfach nur eine Diskussion belebt.

ALTERNATIVEN

1. Das Suchen nach Alternativen zeichnet die geistige Attraktivität aus.

2. Ohne Alternativen dominieren Starrheit und Trägheit.

3. Dass wir eine angemessene Methode haben, Dinge zu tun, bedeutet nicht, dass es keine bessere geben kann. Wir müssen immer versuchen, bessere Wege zu finden.

4. „Besser" kann unterschiedlich definiert sein, je nachdem welche Werte im Spiel sind.

5. Wir müssen bereit sein, nach Alternativen zu suchen. Wir müssen willens sein, neue Alternativen zu schaffen. Und schließlich müssen wir Alternativen und Optionen realistisch einschätzen können.

6. Neue Methoden müssen klare Vorteile gegenüber den gegenwärtigen bieten, bevor man sie anwendet.

7. Es gibt alternative Wahrnehmungen oder Sichtweisen. Diese können zu anderen Urteilen führen und ein anderes Handeln zur Folge haben.

8. Alternative Wertvorstellungen werden durch Erfahrung, Kultur und Persönlichkeit bestimmt.

9. Handlungsalternativen lassen sich ausfindig machen, indem man das Konzept dahinter erkennt und andere Wege sucht, dieses Konzept umzusetzen.

10. Alternative Wahrnehmungen lassen sich erkennen, indem man verschiedene Sichtweisen ausprobiert oder bewusst eine abweichende Wahrnehmung entwickelt und zu rechtfertigen versucht.

11. Alternative Werte erkennt man durch die Überprüfung von Wertordnungen – oder durch gezielte Fragen.

12. Um Alternativen aufzuspüren, reicht es, von Möglichkeiten auszugehen. Von hier aus kann man sich bis zu den Gewissheiten vorarbeiten.

11
Emotionen und Empfindungen

Nach dem Code der Sechs-Hüte-Technik sind wir damit beim roten Hut angekommen. Was haben Emotionen und Empfindungen mit Denken zu tun? Sollte Denken nicht ein kalter und emotionsloser Prozess sein? Wie hängen Emotionen und Empfindungen mit geistiger Schönheit zusammen?

Ohne Emotionen und Empfindungen fiele es uns sehr schwer, Entscheidungen zu treffen. Logisches Denken, wie das Denken überhaupt, ist nur eine Methode, ein Weltbild zu entwickeln, auf das wir unsere Werte mittels unserer Gefühle anwenden können.

Bei einem Geschäftsmeeting wird beispielsweise eine neue Strategie vorgestellt. Ein Teilnehmer sieht den Vorschlag als Möglichkeit, mehr Gewinne zu machen, sein persönliches Prestige zu fördern und damit seine Beförderungschancen zu erhöhen. Sein Kollege, der kein Interesse an einer Beförderung hat, sieht in dem Plan ein Risiko und eine höhere Arbeitsbelastung für sich. Rein objektiv ist der Vorschlag in beiden Fällen derselbe, aber die Gefühle dazu sind unterschiedlich. Infolgedessen unterstützt die eine Person den Plan voller Enthusiasmus, während die andere ihn aufs Schärfste attackiert.

Emotionen und Empfindungen sind unsere Art, unsere Wertvorstellungen auf Situationen anzuwenden. Unsere Werte lenken unsere Empfindungen, die sich dann zu Emotionen steigern können. Mit Werten an sich werden wir uns in einem späteren Kapitel beschäftigen.

Wie beeinflussen Emotionen und Empfindungen unser Denken?

Am Ende eines Essens kann man ein wunderbares Dessert zu sich nehmen, das das Mahl abrundet. Isst man jedoch gleich zu Beginn eine süße Nachspeise, ruiniert man sich damit das ganze Menü. Mit Emotionen und Empfindungen verhält es sich genauso. Es hängt einzig und allein davon ab, wann sie ins Spiel kommen.

Selektive Wahrnehmung

Ein Ehemann hegt den Verdacht, dass seine Frau eine Affäre hat. Wann immer sie zum Einkaufen fährt oder sich mit Freundinnen trifft, argwöhnt er, sie sei mit ihrem Lover zusammen. Kehrt sie zurück, ist seine Wahrnehmung durch den Verdacht so einseitig ausgerichtet, dass er nur Zeichen sieht, die sein Misstrauen bestätigen: Warum war sie so lange fort? Wo sind die Lebensmittel, die sie angeblich einkaufen wollte?

Eine Frau findet heraus, dass ihr Mann wirklich eine Geliebte hat. Sie ist furchtbar wütend auf ihn und rekapituliert in ihren Gedanken das gemeinsame Eheleben, wobei sie nur Erinnerungen auswählt, die „beweisen", dass er sie eigentlich nie geliebt hat. Das ist selektive Wahrnehmung.

Ein Ankläger wählt vor Gericht nur solche Aussagen aus, die belegen, dass ein Zeuge der Verteidigung unzuverlässig ist.

Ein Porträtmaler wird solche Züge und Merkmale besonders betonen, die die Persönlichkeit des Modells widerspiegeln.

Ein Soziologe wird sich sämtliche Verhaltensweisen herauspicken, die seine vorgefasste Theorie über die gesellschaftlichen Zustände bestätigen.

Wenn Sie im Supermarkt nach Orangen suchen, werden Ihre Augen die Orangen finden. Wenn Sie Lust auf Frühstücksflocken haben, werden Sie vorrangig Frühstücksflockenkartons entdecken.

Genauso lenken unsere Emotionen und Empfindungen unsere Aufmerksamkeit und sortieren für uns das aus, was wir zu sehen erwarten. Unsere Wahrnehmung ist selten objektiv, sondern zumeist selektiv.

Wir dürfen es uns dabei nicht so vorstellen, dass wir alles ganz klar sehen und dann erst hervorheben, was unsere Gefühle uns als wichtig vermitteln. Sie wirken nämlich schon vorher wie ein Filter, so dass wir nur sehen, was unsere Gefühle uns sehen lassen.

Entsprechend können starke Gefühle und Emotionen insofern gefährlich wirken, als sie unsere Wahrnehmung steuern. Wir können nicht klar sehen, wenn unsere Wahrnehmung durch unsere Gefühle eingeschränkt ist.

Damit stecken wir also in einer Art Dilemma. Gefühle können unsere Wahrnehmung steuern, und zugleich wären wir ohne Gefühle überhaupt nicht an Wahrnehmung interessiert.

Wir brauchen Gefühle, damit unsere Aufmerksamkeit erregt werden kann. Doch werden diese Gefühle zu stark, engen sie uns in unserer Aufmerksamkeit ein. Ohne Gefühle wären Menschen wie Roboter, und das wäre gewiss nicht spaßig. Ungezügelte Gefühle und starke Emotionen sind allerdings auch nicht lustig.

Wie ein Kutscher lernen muss, ein Gespann von sechs Pferden zu kontrollieren, müssen wir lernen, unsere Gefühle so zu „dressieren", dass wir sie genießen können, ohne uns von ihnen hinreißen zu lassen. Denn scheuen alle Pferde zugleich, kippt die Kutsche um.

Entscheiden

Sie haben die Auswahl zwischen mehreren Reiseangeboten. Die Preise sind bei allen gleich, die Dauer ist identisch, und die Termine können bei allen frei gewählt werden. Sie können sich entscheiden zwischen:

- einer Luxusreise auf der Donau,
- einem Aufenthalt im besten Hotel Venedigs,
- einer Reise nach Rio zur Karnevalszeit,
- einem Urlaub auf der Tropeninsel Bora Bora in der Nähe von Tahiti und
- einer Karibikkreuzfahrt.

Welchen Urlaub wählen Sie? Ein Skiurlaub oder ein Musikfestival kämen Ihren persönlichen Interessen eher entgegen, stehen aber nicht zur Auswahl. Eine logische Wahl ist schwer zu treffen, da der Preis und alle sonstigen Bedingungen in allen Fällen identisch sind. Am Ende entscheiden Sie sich für die Reise, die sich am besten „anfühlt". Sie wählen nach Gefühl. Und nachdem Sie Ihre Wahl getroffen haben, versuchen Sie vielleicht, sie rational zu begründen: „Das ist ein Angebot, wie ich es so schnell wohl kaum wieder bekommen kann" etc.

Letztlich geht es bei unseren Entscheidungen immer um unsere Empfindungen und Emotionen. Selbst wenn die Dinge sehr logisch erscheinen, basieren sie doch auf Gefühlen.

Stellen Sie sich vor, Sie sehen ein Kleidungsstück in einem Geschäft, das Sie später zu einem niedrigeren Preis in einem anderen Laden entdecken. Ist es nicht vollkommen logisch, dass Sie das Kleidungsstück dort kaufen, wo es günstiger ist? Schon, aber dennoch spielen hier noch andere Gefühle mit hinein:

- Sie mögen es nicht, übervorteilt zu werden.
- Sie fühlen sich prima, weil Sie das günstigere Angebot entdeckt haben.
- Sie freuen sich darauf, Ihren Freunden davon erzählen zu können.
- Sie hassen es, Geld zu verschwenden.
- Sie empfinden es als Erfolgserlebnis, das günstigere Angebot gefunden zu haben.

Selbst wenn wir uns völlig bewusst sind, dass wir das „Richtige" tun sollten, kommen auch da noch die unterschwelligen Gefühle ins Spiel. Das kann die Angst davor sein, ertappt zu werden. Es kann ein starkes Schuldbewusstsein sein. Vielleicht ist es auch bloß Faulheit, die uns davon abhält, das Falsche zu tun, weil es so mühsam ist. Oder aber wir möchten nicht mit moralischen Prinzipien brechen, weil es uns zukünftige Entscheidungen erschweren würde.

Wir sollten uns der Gefühle bewusst sein, die unseren Entscheidungen zugrunde liegen, da es extrem schwierig ist, unsere Emotionen und Empfindungen zurückzuhalten und sie erst ganz zum Schluss in unsere Entscheidungen einfließen zu lassen.

Adjektive

Adjektive sind normalerweise sehr subjektiv. Sie verraten uns die subjektiven Empfindungen der Person, die sie benutzt. Verwendet jemand also viele Adjektive, dann hegt er starke Gefühle zu dem betreffenden Thema. Leider bringen solche Adjektive vom logischen Standpunkt her keinerlei Zugewinn. Aber natürlich gibt es auch so etwas wie objektive Varianten: „Dieser ‚schwere' Koffer kann dir den Rücken ruinieren."

„Dieser wunderschöne Koffer passt richtig toll zu deinem Stil."

Diese Aussage bedeutet nichts anderes, als dass der Koffer dem Geschmack des Angesprochenen entspricht. Sie mag schmeichelhaft sein, sagt aber nichts über den Koffer selbst aus.

Wir haben eine große Auswahl an Adjektiven, mit denen wir Menschen beschreiben, die Dinge auf unkonventionelle oder sogar innovative Weise tun:

- verschlagen,
- raffiniert,
- gerissen,
- gewieft,
- hinterlistig.

All diese Adjektive haben einen starken negativen Beiklang. Warum ist das so? Wahrscheinlich weil man zu Zeiten des festen Klassensystems darauf bestand, dass alles auf „geziemende" Weise gemacht wurde. Gentlemen haben nicht versucht, Dinge schneller oder „besser" zu tun. Innovative Vorgehensweisen wurden nicht ermutigt – man wusste ja nie, wo das enden würde!

Adjektive verraten uns eine Menge über Menschen und Kulturen. Und sie sind einfache und aussagekräftige Mittel, um Gefühle auszudrücken.

- „Dieses Verhalten ist barbarisch."
- „Dieses Verhalten ist primitiv."
- „Dieses Verhalten ist so elegant."
- „Dieses Verhalten ist so aufschlussreich."

Manchmal können wir mit einem einzigen Adjektiv, das wir an der richtigen Stelle anbringen, unsere Gefühle zu einer

Sache deutlich machen. In einer Diskussion über die britische Monarchie beispielsweise benutzt jemand an einem bestimmten Punkt das Adjektiv „drollig". Damit sagt er vieles über seine Gefühle aus. Der Sprecher ist nicht gegen die Monarchie eingestellt, sieht aber auch keinen direkten Bedarf für eine Königsfamilie. Für ihn besteht ihr Wert vor allem im Spaßfaktor. Er betrachtet die Monarchie als ein Relikt aus früheren Zeiten etc.

In einer Diskussion über die Rechtsprechung benutzt jemand das Adjektiv „langsam". Das dadurch vermittelte Gefühl ist, dass die Urteile am Ende nicht falsch sein müssen, der Prozessverlauf jedoch meist schwerfällig und ineffizient ist und sich über Monate und Jahre hinziehen kann. Diese Langsamkeit wird als rein negatives Merkmal wahrgenommen. „Langsam" kann als objektives Adjektiv benutzt werden (der langsame Zug nach London) oder als subjektive Gefühlsäußerung (das scheint heute viel langsamer zu gehen als sonst).

Wer gegen die Todesstrafe ist, wird Adjektive benutzen müssen, um zu zeigen, wie sehr sie seinen oder ihren Werten widerspricht. Mögliche Adjektive wären: primitiv, grausam, barbarisch, unzivilisiert etc. Die Ablehnung basiert in diesem Fall nämlich auf einem Wertesystem. Logisch hingegen lässt sich hier kaum argumentieren, außer dass man darüber streiten kann, ob die Todesstrafe eine abschreckende Wirkung hat oder nicht.

Erste Reaktionen

Hören wir erstmals von einer Idee oder einem Vorschlag, ist die erste Reaktion meist von Empfindungen und Emotionen bestimmt.

- „Damit könnte ich mich nicht wohl fühlen."
- „Das gefällt mir überhaupt nicht."
- „Das war wirklich unfair."

Diese Kommentare haben einen anderen Stil als die folgenden:

- „Ich glaube nicht, dass das in der Praxis funktioniert."
- „Ich sehe den Nutzen nicht, den Ihre Idee bringen soll."
- „Es wäre gefährlich, so etwas zu machen."

Auch hier werden Gefühle ausgedrückt, aber es sind intuitive Gefühle oder Einschätzungen in Bezug auf den praktischen Wert einer Idee. Ob eine Idee uns missfällt, ist unabhängig davon, wie gut oder schlecht sie funktionieren kann. Ebenso kann uns eine Idee ansprechen, bei der wir Zweifel haben, ob sie wirklich zu realisieren ist.

Ist es überhaupt sinnvoll, eine erste Reaktion zu äußern, oder sollten wir grundsätzlich warten, bis wir alles über die Idee erfahren und Antworten auf unsere Fragen dazu bekommen haben? Das hängt von den jeweiligen Umständen ab. Handelt es sich um eine ernsthafte Diskussion, wäre es besser, erst einmal genau zuzuhören, ein paar Fragen zu stellen, sämtliche Faktoren in Betracht zu ziehen und dann seine Meinung zu äußern.

In den meisten Situationen belebt der Ausdruck von Gefühlen allerdings das Gespräch. Und er bringt sogar kommunikative Vorteile mit sich. Wenn die Person, die eine Idee vorträgt, gleich zu Beginn eine Rückmeldung darüber erhält, wie die Idee aufgenommen wird, kann sie darauf reagieren. Vielleicht wird der Vorschlag auch nur missverstanden und sollte genauer erklärt werden. Vielleicht hat der Zuhörer die Idee auch vorschnell in eine „Schublade" gepackt, in die sie nicht hineingehört.

Wann immer ich davon spreche, wie wichtig Denkunterricht in den Schulen ist, glauben die Zuhörer zunächst, ich würde mich damit auf urteilendes (kritisches) Denken beziehen, weil sie nichts anderes kennen. Also muss ich mich jedesmal besonders anstrengen, um zu vermitteln, dass ich über lebensnahes Denken spreche – und das wiederum ist hauptsächlich wahrnehmungsorientiert.

Menschen mit ausdrucksstarker Mimik müssen überhaupt nichts sagen, um ihre erste Reaktion deutlich zu machen. Ihr Gesicht verrät, was sie denken. Verkäufer hassen es, mit Leuten umgehen zu müssen, deren Gesichter praktisch nichts darüber verraten, was in ihnen vorgeht. Woher sollen sie wissen, ob sie mit dem, was sie sagen, irgendetwas erreichen? Wie sollen sie erkennen, welche Punkte ihr Gegenüber besonders interessieren? Wie wollen sie sicherstellen, dass der andere sie tatsächlich versteht? All diese Fragen lassen sich nicht beantworten, wenn man kein promptes Feedback bekommt.

Also ist an einer ersten Reaktion, selbst wenn sie allein von Emotionen und Empfindungen gesteuert ist, grundsätzlich nichts Negatives.

Positionierung

Wo wollen Sie sich innerhalb einer Kontroverse positionieren? Stellen Sie sich auf die eine Seite oder lieber auf die andere? Oder möchten Sie sich lieber heraushalten und „über den Dingen stehen"?

Das ist eine Frage der Ehrlichkeit. Wenn Ihre Empfindungen und Emotionen Sie momentan mehr zu der einen oder der anderen Seite neigen lassen, dann müssen Sie zeigen, wo Sie stehen. Nur weil Sie Ihren Standpunkt klar ausdrücken, heißt das ja noch lange nicht, dass Sie ihn auch mit primitiven Argumenten durchboxen würden. Sie können das Thema immer noch von beiden Seiten betrachten – z. B. indem Sie nach der Sechs-Hüte-Technik verfahren – und sich ehrlich bemühen, den Standpunkt der anderen Seite zu verstehen. Aus diesem Verständnis heraus lässt sich dann eine Lösung entwickeln, die die beiden gegensätzlichen Sichtweisen versöhnt. Und selbst falls das nicht gelingt, haben Sie so zumindest alle abweichenden Punkte klar dargestellt.

Ihren momentanen Standpunkt offen darzulegen, bedeutet nicht, dass Sie darauf bestehen und unter keinen Umständen von ihm abweichen wollen. Die Position, die Sie beziehen, ist lediglich der Ausgangspunkt, von dem aus Sie in die Diskussion einsteigen.

„Hier stehe ich jetzt, aber ich bin offen für andere Sichtweisen."

Könnte jeder aufrichtig mit einer solchen Haltung in eine Diskussion gehen, wären unsere Gespräche viel konstruktiver, als sie es gegenwärtig meist sind.

Es gibt natürlich ein paar sehr schwierige Fragen, die sich jeder selbst stellen muss.

„Wäre ich tatsächlich bereit, meine Meinung zu diesem Thema zu ändern?"

Hierauf müssen Sie sich eine ehrliche Antwort geben. Wir haben eine naturgegebene Angst davor, unsere Einstellung von komplizierten „anwaltsmäßigen" Argumenten korrigieren zu lassen. Wir fürchten uns davor, mit falschen Informationen hinters Licht geführt zu werden. Diese und andere Ängste sind nur natürlich. Zugleich aber müssen wir imstande sein, richtig zuzuhören und unsere Meinungen nötigenfalls zu ändern.

In einigen Parlamentssälen sind die Sitzreihen so angeordnet, dass sich zwei getrennte Seiten ergeben. Die Abgeordneten sitzen also entweder auf der Regierungsseite oder auf der der Opposition. Andere Parlamentssäle sind ähnlich wie Amphitheater gestaltet. Hier sitzen alle Abgeordneten in einem Halbkreis, und es gibt keine klare Unterteilung in „wir" und „sie". Man sagt, die letztere Form würde den kleineren Splitterparteien zugute kommen und das Regieren erschweren, weil die weniger starre Sitzverteilung die Koalitionen destabilisiere. Ob die Saalform tatsächlich einen Unterschied macht, ist hier unerheblich. Worauf es ankommt, ist, dass man nicht in eine Position des Entweder-Oder („für uns oder gegen uns") gezwungen wird.

Niemand kann Sie in diese Position zwingen. Es ist Ihre Entscheidung. Sie können einer Idee zustimmen – bis zu einem gewissen Grad. Sie können einem Vorschlag beipflichten – unter bestimmten Umständen. Sie können eine Idee befürworten – für bestimmte Personenkreise. Sie können eine Idee unterstützen – mit gewissen Modifikationen.

EMOTIONEN UND EMPFINDUNGEN

1. Emotionen und Empfindungen machen einen wichtigen Teil des Denkens aus.
2. Letztlich treffen wir unsere Entscheidungen auf der Basis unserer Emotionen und Empfindungen.
3. Mit unseren Emotionen und Empfindungen stellen wir die Verbindung zwischen einer Situation und unseren Werten her.
4. Starke Emotionen und Empfindungen können anfangs unsere Wahrnehmung einschränken. Diese selektive Wahrnehmung lässt uns nur solche Dinge sehen, die zu unseren Gefühlen passen.
5. Selbst die scheinbar logischsten Entscheidungen können letztlich auf Gefühlen basieren. Bei allem und jedem, was wir tun, sind unterschwellig unsere Gefühle im Spiel.

6. Adjektive sind normalerweise subjektiv und verraten mehr über die Empfindungen des Sprechenden als über die Sache selbst. Achten Sie auf Adjektive, die benutzt werden, um eine Meinung zu vertreten, statt logische Gründe oder Informationen zu vermitteln.

7. In sehr ernsten Diskussion sollten Sie vielleicht erst einmal zuhören und Fragen stellen, bevor Sie zeigen, welche Gefühle Sie zu dem Thema haben.

8. In allen anderen Fällen kann es sinnvoll sein, wenn Sie gleich zu Beginn Ihre Empfindungen ausdrücken, da Sie dem Sprechenden damit ein nützliches Feedback geben.

9. In einer Kontroverse sollten Sie einen Standpunkt beziehen: entweder auf der einen oder anderen Seite oder auf gar keiner.

10. Die Position, die Sie zu Anfang beziehen, ist Ihr Startpunkt, von dem Sie im Verlauf der Diskussion abweichen können oder auch nicht.

11. Sie brauchen nicht für oder gegen eine Idee zu sein. Vielleicht gefällt Sie Ihnen unter bestimmten Umständen oder mit gewissen Einschränkungen.

12. Sie müssen entscheiden, ob Sie ehrlich bereit sind, Ihre Meinung eventuell zu ändern.

12
Werte

Was ist wertvoller: ein Eis oder ein Röhrchen mit Vitamin-C-Brausetabletten? Die Brausetabletten sind teurer als das Eis, aber heißt das, dass sie wertvoller sind? Vitamin C kann von großem medizinischen Wert sein, Eis nicht. Heißt das, Vitamin C ist wertvoller?

Bezieht sich die Frage auf die Dinge an sich oder auf die Dinge unter bestimmten Umständen?

Die Vitamin-C-Tabletten können enorm wichtig für jemanden sein, der an Vitamin-C-Mangel oder gar Skorbut leidet. Für Seeleute war diese Krankheit bei langen Reisen ein ernstes Problem, bis Captain Cook und andere Kapitäne frische Limonen auf die Proviantliste setzten. Vitamin C kann auch sehr wertvoll sein, wenn man eine Erkältung hat und davon überzeugt ist, dass die zusätzliche Vitamingabe dagegen hilft.

Ernährt man sich allerdings ausgewogen und nimmt mit der täglichen Nahrung regelmäßig genug Vitamin C auf, ist die zusätzliche Einnahme vollkommen sinnlos, weil das Vitamin dann ungenutzt ausgeschieden wird.

Wenn Ihnen der Sinn nach einem Eis steht, ist der Genusswert des Eises hoch, während der von Vitamin C in diesem Moment gleich null ist.

Sind Sie gerade knapp bei Kasse, kann Ihr Geld besser angelegt sein, wenn Sie die Vitamintabletten kaufen. Haben Sie jedoch keinerlei Geldprobleme, können Sie sich heute das Eis und morgen oder ein andermal die Vitamintabletten kaufen.

Umstände

Hängt der Wert von den Umständen ab? Die Antwort lautet: ja und nein. Es gibt grundlegende Werte, die sich nicht verändern, egal wie die Umstände sind. Man soll beispielsweise nicht lügen – obwohl sich die Philosophen in diesem Punkt noch nicht ganz einig sind. Man soll seine Freunde nicht betrügen. Man soll zu seinem Ehrenwort stehen. Solche fundamentalen Werte sind religiös, sozial oder kulturell begründet und sollten unabhängig von den Umständen gelten.

Vor dem Gesetz gibt es mildernde Umstände, die das Strafmaß mindern. Dennoch wurde ein Verbrechen begangen.

Wie steht es mit dem Töten aus Notwehr oder im Krieg? Handelt es sich dabei nicht um Mord, der durch die Umstände legalisiert wird? Das Argument wäre in diesen Fällen, dass zwar „getötet", nicht aber „gemordet" wird, weil man es nicht um des persönlichen Gewinns willen tut, und daher wird es nicht sanktioniert.

In anderen Fällen ändern sich die Werte durch die Umstände selbst nicht, ihre Priorität allerdings ist eine andere.

Sie spielen Karten und bemerken, dass ein Freund von Ihnen scheinbar schummelt. Was tun Sie? Da wäre zunächst einmal der Wert des Geldes. Weil Ihr Freund schummelt, können Sie Geld verlieren. Dann kommt der moralische Aspekt. Sollten Sie ein Auge zudrücken, nur weil Sie mit dem Schummler befreundet sind? Als Nächstes ist da noch der Wert der Freundschaft. Dürfen Sie Ihren Freund entlarven und damit seinen Ruf schädigen? Allerdings gehört noch ein zweiter Aspekt dazu. Können Sie zulassen, dass Ihr Freund sich das Schummeln angewöhnt? Wäre sein Schaden nicht eventuell größer, wenn er eines Tages von jemand anderem dabei entdeckt wird und in ernste Schwierigkeiten gerät? Und zuletzt kommt der Unsicherheitsfaktor. Sie sind nicht hundertprozentig sicher, dass er mogelt. Falls Sie sich irren und ihn fälschlicherweise bezichtigen, könnte Sie das die Freundschaft kosten.

In der Praxis würden Sie vielleicht das Ende des Spiels abwarten und ihm dann erzählen, dass jemand ihn verdächtigt, falsch zu spielen. So vermitteln Sie dem Freund, dass Ihre Sorge eher ihm als den moralischen Werten gilt.

Sie wissen, dass die Frau Ihres Freundes eine Affäre hat. Sollten Sie es ihm sagen? Sollten Sie ihr sagen, dass Sie es wissen? Wie steht es hier mit den Wertprioritäten? Geht es Sie überhaupt etwas an?

Die Beförderung eines Bekannten steht zur Diskussion. Man fragt Sie nach Ihrer Meinung. Sie wissen, dass Ihr Bekannter die Beförderung sehr dringend braucht. Aber Sie wissen ebenfalls, dass der andere Kandidat, den Sie nicht leiden können, für den Posten besser qualifiziert ist und daher die bessere Wahl wäre. Was tun Sie?

Hier kommt der Wert der Ehrlichkeit ins Spiel. Außerdem geht es um den Wert, dem Bekannten zu helfen. Ein weiterer Wert ist der, dem Unternehmen gegenüber fair zu sein.

In allen obigen Fällen scheinen die Werte einander zu widersprechen. Wenn Sie einem Wert gerecht werden, müssen Sie einen anderen übergehen. Wenn Sie sich ehrlich zu der Beförderung äußern, verweigern Sie damit dem Bekannten Ihre Hilfe.

Sie kaufen ein Haus. Welche Werte kommen dabei ins Spiel?

- Der Preis und die Möglichkeiten, eine Hypothek zu bekommen.
- Ob das Haus Ihrer Frau und Ihrer Familie gefällt.
- Wie weit ist der Weg zur Arbeit?
- Ist das Haus groß genug?
- Wie sieht das Haus aus?

- Wird es Ihre Freunde beeindrucken?
- Wie steht es mit Einkaufsmöglichkeiten?
- Gibt es Schulen in der Nähe?
- Wird der Wiederverkaufswert stimmen?
- Ist die Gegend gut?
- Werden die Instandhaltungskosten hoch sein?
- Stehen größere Reparaturen und Renovierungsarbeiten an?
- Genügt das Haus Ihren ästhetischen Ansprüchen?
- Werden Sie so ein großes Haus noch brauchen, wenn die Kinder groß sind und ausziehen?
- Könnten Sie etwas Passenderes finden?
- Steigen die Immobilienpreise?
- Können Sie noch warten und sich weiter umsehen?

Diese Liste wirkt lang, doch die meisten Leser werden wahrscheinlich noch mehrere Faktoren hinzufügen können. Die Werte lassen sich in Kategorien unterteilen: Aussehen, Größe, Preis, Komfort, Vorteile für die Familie etc.

All diese Werte können je nach besonderen Umständen anders gewichtet sein. Wer kaum Vermögen hat, für den wird der Preis zur Priorität. Wer kleine Kinder hat, wird danach entscheiden, ob Schulen und Kindergärten in der Nähe sind. Wer häufiger Übernachtungsgäste hat, weil die Verwandten weiter weg wohnen, wird der Größe Vorrangstellung einräumen. Eventuell gibt man aber auch den Wünschen der Ehefrau oberste Priorität, die sich deutlich von den eigenen Vorstellungen unterscheiden. Neigt man zum Konkurrenzdenken, wird man es sich zur obersten Maxime machen, das Haus zu kaufen, mit dem man am ehesten vor anderen prahlen kann.

Unterschiedliche Parteien

In jeder Diskussion sind mindestens drei Wertkategorien von Bedeutung. Da sind einmal Ihre Werte – ob Sie sich ihrer nun vollständig bewusst sind oder nicht. Dann sind da die Werte der anderen Partei oder Parteien. Und schließlich kommen die Werte Dritter ins Spiel, die nicht anwesend sind, über die aber gesprochen wird (Immigranten, Führungskräfte, Teenager, Kinder, alte Menschen etc.). Diese letzte Gruppe muss eventuell noch in mehrere Untergruppen aufgeteilt werden.

Wissen Sie etwas über die anderen Werte, um die es hier geht und die nicht Ihre sind? Sie können sich über sie informieren, indem Sie Fragen stellen oder Vermutungen äußern. Sie können auch Wertannahmen aufstellen, wie etwa den Wunsch nach Wohlstand und Sicherheit. Bei den meisten Diskussionen gehen die Teilnehmer davon aus, die Werte anderer Leute könnten sich von ihren eigenen nicht wesentlich unterscheiden. Wären wir jedesmal darauf erpicht, die Vorstellungen anderer genau zu kennen, fiele es uns wahrscheinlich schwer, überhaupt ein Gespräch zu führen!

So gelten nach statistischen Erhebungen das katholische Spanien und Italien als die Länder mit der niedrigsten Geburtenrate in Europa. Was ist der Grund? Vielleicht liegt es daran, dass mit dem steigenden Lebensstandard die Ansprüche wuchsen und junge Paare lieber auf ein Kind als auf ein zweites Einkommen verzichten. Hinzu kommt, dass mehr und mehr junge Frauen eine Karriere anstreben. Eventuell gründet die niedrige Geburtenrate auch in sexueller Abstinenz. Auf jeden Fall dürften an gewissen Punkten Wertkonflikte zwischen den persönlichen, den kirchlichen und sogar den staatlichen Werten aufgetreten sein.

Persönliche Werte

Neben den moralischen Überzeugungen und den religiösen Werten gibt es noch eine Reihe von Werten, die dem Einzelnen wichtig sind. Viele von ihnen drehen sich um das Fehlen oder das Gegenteil von „negativen Werten".

- Freiheit des Handelns und der Meinungsäußerung – als Fehlen von Tyrannei.
- Persönliche Sicherheit – als Fehlen von Kriminalität, Gewalt und Einschüchterung.
- Aufmerksamkeit und Anerkennung – als Fehlen von Schikane und Zurückweisung.
- Würde – als Fehlen von Erniedrigung.
- Glück – als Fehlen von Leid.
- Vergnügen und Interessen – als Fehlen von Langeweile.

Die Leser werden die Liste gewiss noch um weitere Punkte ergänzen können. Wenn Sie an Kopfschmerzen leiden und wissen, dass Sie anfällig dafür sind, wird das Fehlen von Kopfschmerzen für Sie ein großer Wert sein. Falls Sie nie Kopfschmerzen hatten, ist deren Fehlen für Sie zunächst weniger relevant.

In vielen der obigen Beispiele kann der Wert auch direkt gegeben sein – und nicht nur als Fehlen von etwas anderem. So kann „Anerkennung" beispielsweise als starker Wert angesehen werden und nicht nur als das Fehlen von „ignoriert werden".

Unternehmerische und gruppenbezogene Werte

Jedes Unternehmen hat Werte, die sich sowohl auf seine Ziele als auch auf seine Abläufe beziehen. Bei einem Wirtschaftsunternehmen könnten solche Werte u. a. sein: Profitabilität, Gewinn für die Aktionäre, Wettbewerbsfähigkeit, Kostenkontrolle, Effizienz, Kundenzufriedenheit, Zukunftsaussichten (Forschung etc.).

Bei einer politischen Partei würde zu den Werten sicher gehören: Wähler gewinnen, eine positive öffentliche Wahrnehmung, keine Skandale, bekannte Ziele, charismatische Politiker, eine klare Abgrenzung zu den anderen Parteien etc.

In einer Familie gehören zu den Werten: Familiensinn, Harmonie, gegenseitige Unterstützung, die Fähigkeit, offen miteinander zu sprechen etc.

Qualität als Wert

Stahl sollte stark sein, Glas klar, Restaurantbedienungen sollten schnell und zuverlässig sein, Flüge pünktlich. Werbung sollte ansprechen. Gemüse sollte nicht zerkocht sein.

Qualität impliziert, dass, was immer getan wird, es den Absichten entsprechend gut gemacht wird. Pinkfarbenen Stahl herzustellen, mag spaßig und innovativ sein, aber die Funktion des Stahls ist nun einmal die, stark und belastbar zu sein, und entsprechend bemisst sich seine Qualität auch danach und nicht nach der Farbe. Kellner, die im Restaurant ganze Opernarien vortragen, können eine unterhaltsame Bereicherung sein; worauf es aber vor allem ankommt, ist die Service-Qualität.

Qualität hat etwas mit Absicht und Erwartung zu tun. Was beabsichtigt man mit einem bestimmten Produkt oder einem bestimmten Service? Was wird von diesem Produkt oder dieser Dienstleistung erwartet? Diese beiden Aspekte definieren, was Qualität ausmacht.

Innovationen

Kreativität auf Bestellung ist schwierig. Dennoch wird sie verlangt – in der Mode, bei elektronischen Geräten und bei Autos. Auf jeden Fall sollten Innovationen geschätzt werden, auch wenn sie nicht ausdrücklich eingefordert oder erwartet wurden.

Natürlich können Traditionen von Wert sein. Das Wissen, dass man bekommt, was einem vertraut ist, hat etwas Beruhigendes. Der Wert der Innovation aber liegt in der Verbesserung wie in der Spannung, die damit einhergeht.

Von Napoleon erzählt man sich, dass er mehrere außereheliche Affären hatte. In Notre-Dame hielt der Kardinal seinerzeit eine Predigt über die Bedeutung der ehelichen Treue und prangerte die Untreue öffentlich an. Daraufhin lud Napoleon ihn übers Wochenende zu sich aufs Land ein. Zum Frühstück gab es wunderbar zubereiteten Fasan. Zum Mittagessen gab es wunderbar zubereiteten Fasan. Zum Abendessen wurde wunderbar zubereiteter Fasan serviert. Und am nächsten Morgen gab es wieder Fasan. Der Kardinal rief aus: „Dieser Fasan ist wirklich phantastisch – aber immer Fasan?" Napoleon soll geantwortet haben: „Immer Josephine (seine Gemahlin)?" In diesem speziellen Fall würde der Kardinal gewiss gesagt haben, dass andere Werte als der der Abwechslung Priorität haben sollten.

Ökologische Werte

Die wenigsten Dinge existieren in vollkommener Isolation. Was immer wir tun, wirkt sich auf andere Menschen und auf unsere Umwelt aus. Im weitesten Sinne enthält „Ökologie" all diese Wirkungswerte.

Verschmutzt das Abwasser einer Fabrik den Fluss? Wirkt sich die Schließung einer Fabrik in einer Kleinstadt sehr nachteilig auf diese Stadt aus? Trägt die Emission von Treibhausgasen zur globalen Erwärmung bei? Bedroht dieser Damm eine seltene Froschart?

Es gibt viele positive und konstruktive ökologische Initiativen, aber zumeist liegt die Betonung auf der Vermeidung von Umweltschäden. Dieses Bewusstsein und die Vermeidung „negativer" Wirkungswerte stehen klar im Vordergrund.

Wahrnehmung

Wahrnehmung ist auch dann real, wenn es sich bei dem Wahrgenommenen nicht um die Realität handelt. Wahrnehmung bezieht sich auf die Art, wie wir die Dinge sehen und welche Gefühle sie in uns auslösen. Darauf reagieren wir – nicht auf die Realität, die ihnen zugrunde liegt.

Für eine politische Partei ist Wahrnehmung ein sehr wichtiger Faktor. Wenn etwas getan wird, das einem guten Zweck dient und wesentliche Verbesserungen bringt, hat es wenig Wert, solange es als egoistisch betrachtet wird. Die USA tragen Großes zum Weltfrieden bei, und dennoch wird ihr Engagement oft als eigennützig wahrgenommen.

„Wie sieht es aus?"; „Wie wird es gesehen werden?"; „Wie könnte es wahrgenommen werden?"

Imageberater für Politiker verbringen ihre gesamte Zeit damit, Wahrnehmungen zu steuern.

Es reicht nicht, dass Gerechtigkeit herrscht. Man muss sehen, wie Gerechtigkeit erzielt wird. Diese traditionelle Sichtweise von Gerechtigkeit zeigt sehr deutlich, wie wichtig Wahrnehmung ist.

Entsprechend sind die Wahrnehmungswerte jene, die die beabsichtigte Botschaft vermitteln. Dabei muss es sich nicht immer um die Wahrheit handeln. Wenn etwas Schreckliches passiert, versucht man eventuell, die Wahrnehmung auf die positiven Aspekte des Geschehens zu lenken. In solchen Fällen werden Werte wie Wahrheit oder Ehrlichkeit zugunsten der zweckdienlichen Wahrnehmungswerte aufgehoben.

Man zieht sich möglichst so an, dass man gut aussieht. Aber ist das schon eine bewusste Täuschung? Nein. Die bestmögliche Wahrnehmung erzeugen zu wollen, ist an sich noch keine Täuschung, wenngleich es in Extremfällen zutreffen mag.

Negative Werte

Auf den ersten Blick scheint die Überschrift ein Widerspruch in sich zu sein. Und das ist sie auch, ungefähr so wie „gute schlimme Sachen sagen". Dennoch besteht in der Praxis ein Bedarf für diesen Ausdruck. Wir könnten auch einfach von „Schaden" sprechen, doch wenn wir über die Einschätzung von Werten sprechen, hilft es, „Werte" im Sinne von „Wirkung" aufzufassen. Diese Wirkung ist grundsätzlich positiv, es sei denn, sie wird explizit als „negative" Wirkung gekennzeichnet.

Bei einer Einschätzung der ökologischen Wirkung kann es eine ganze Liste von negativen Werten geben. Will man beispielsweise die Personalpolitik eines Unternehmens bewerten, können zahlreiche negative Werte ins Spiel kommen. Bei der Beurteilung familiärer Beziehungen können ebenfalls viele negative Werte entdeckt werden.

Wir reißen uns gewiss nicht direkt um den Terminus „negativer Erfolg", aber unter Umständen wird irgendwann ein Begriff nötig, mit dem man beschreibt, dass jemand auf spektakuläre Weise gescheitert ist.

Weil „Wert" ein Begriff der Einschätzung ist, macht es Sinn, dasselbe Wort zu verwenden, wenn man die negativen Aspekte beschreibt. Sie können es natürlich auch mit „negativer Wirkung" gleichsetzen.

WERTE

1. Werte bestimmen, was uns anspricht und was nicht. Sie bestimmen unsere Entscheidungen.

2. Grundlegende Werte verändern sich nicht, wenn die Gegebenheiten sich verändern, sondern bleiben stabil, egal welche Situation eintreten mag.

3. Die Prioritäten sonstiger Werte unterliegen den jeweiligen Umständen. Wenn Sie hungrig sind, bekommen andere Werte Priorität als in Zeiten, in denen Sie satt sind.

4. Es kommt immer wieder vor, dass unsere Werte in Widerstreit miteinander geraten und wir eine Entscheidung treffen müssen, welchen wir den Vorrang geben.

5. Auch in Diskussionen spielen Werte eine Rolle, und zwar zum einen die der Teilnehmenden, zum anderen die der Dritten, über die diskutiert wird.

6. Es gibt persönliche Werte, von denen die meisten sich über die Abwesenheit von negativen Werten definieren.

7. Unternehmerische Werte beziehen sich auf die Zielsetzung und die Abläufe.

8. Es gibt Qualitätswerte.

9. Auch Innovation ist ein Wert.

10. Es gibt ökologische Werte, durch die wir die Wirkung unseres Denkens oder Tuns auf die Umwelt einschätzen – sowohl auf das direkte wie auch das indirekte Umfeld bezogen.

11. Wahrnehmungswerte beziehen sich darauf, wie etwas von außen wahrgenommen wird. Wie sieht es für die anderen aus?

12. Der Terminus „negativer Wert" wird für die negative „Wirkung", die etwas haben kann, benutzt.

13
Umwege und Abwege

Es gibt spezielle Fahrzeuge, die eigens dazu gedacht sind, dass man damit jenseits von befestigten Wegen und Straßen fahren kann. Und was tun wir, wenn sich ein Gespräch auf „unbefestigtes" Terrain bewegt?

Nehmen wir beispielsweise eine Diskussion über die ägyptische Wirtschaft. Irgendwie kommt die Frage auf, ob die Ägypter von heute die direkten Nachfahren der alten Ägypter sind, die die Pyramiden bauten. Das wiederum führt die Gesprächsteilnehmer zu Kleopatra. Man erzählt sich die Geschichte, wie Marcus Antonius um Kleopatra warb. Laut Überlieferung ging er damals jeden Abend vor dem Essen zum Angeln an den Nil. Und Kleopatra bezahlte Fischer dafür, dass sie in den Fluss tauchten und ihm Fische auf den Angelhaken spießten. Kehrte Marcus Antonius dann später mit einem beeindruckenden Fang zu ihr zurück, konnte sie ihn zu seinem großen Geschick beglückwünschen.

„Solche Frauen gibt es heute gar nicht mehr", seufzt einer der Gesprächsteilnehmer, und schon landet man beim Thema Feminismus, also weit weg von der ägyptischen Ökonomie. Wie gehen wir damit um, wenn sich Gespräche zu weit von ihrem Ausgangsthema entfernen? Sollten wir sofort unterbrechen?

- „Wir reden hier über die ägyptische Wirtschaft – vergessen wir Kleopatra."
- „Können wir bitte zum Thema zurückkommen?"

Oder sollten wir den Themenwechsel genießen und abwarten, wohin er uns führt? Vielleicht sind die Geschichten über Kleopatra ja viel interessanter als die heutige Wirtschaftslage in Ägypten.

Anspruch

Wie wir mit Abweichungen vom Thema umgehen, hängt in erster Linie davon ab, mit welchem Anspruch ein Gespräch geführt wird. Handelt es sich um eine Plauderei auf einer Cocktailparty oder einen ernst gemeinten Versuch, sich mit einem Problem auseinander zu setzen?

Eine praktische Regel wäre folgende: Wird die Diskussion mit einem gewissen Anspruch geführt und wird nur kurz vom Ursprungsthema abgewichen, ohne dass dabei der eigentliche Anlass aus den Augen verloren geht, dann sind Abweichungen zulässig – vorausgesetzt, sie häufen sich nicht. Es wäre nämlich eher langweilig und einengend, wenn man jede Ablenkung sofort unterbinden würde.

Geht es in einem Gespräch vor allem um den Unterhaltungsaspekt, sollten Sie den Abweichungen so lange folgen, bis Sie bei einem Thema angelangt sind, das alle Beteiligten gleichermaßen interessiert. An solch einem Punkt können Sie dann nachhaken. Es liegt kein triftiger Grund dafür vor, dass das Ausgangsthema notwendig auch das spannendste sein muss. Wenn Sie auf einer Straße fahren und es nicht eilig haben, den Zielort zu erreichen, spricht schließlich auch nichts dagegen, hier und da mal in eine interessant aussehende Seitenstraße abzubiegen.

Sollte das Gespräch allerdings immer wieder und in kurzen Abständen von einem Thema zum nächsten springen, ist die Chance eher gering, dass es sich irgendwann zu einer interessanten Unterhaltung entwickelt. Dann ähnelt es eher einer Party, auf der man von einem Gast zum anderen zieht, ohne mit einem von ihnen ein wirkliches Gespräch zu beginnen.

Langeweile

Es gibt zwei Gründe dafür, dass ein Gespräch langweilig werden kann. Der erste ist der, dass niemand wirklich etwas zum Thema beizutragen hat. Der zweite Grund ist der, dass nur das Übliche, das allgemein Bekannte und Erwartete gesagt wird.

In beiden Fällen haben wir es mit Fehlern zu tun, die den Beteiligten direkt anzulasten sind. Denn ganz gleich, worum es geht, es gibt immer etwas Interessantes dazu zu sagen. Man kann Vermutungen dazu äußern, Spekulationen oder Fragen.

Man sollte zum Beispiel imstande sein, ein interessantes (wenn auch kurzes) Gespräch über das Paarungsverhalten von Nilpferden zu führen. Dafür muss man kein Biologe sein. Dabei kann man – als kleine Abweichung vom eigentlichen Thema – darauf hinweisen, dass die Nilpferde ihr Territorium markieren, indem sie ihre kurzen Schwänze rotieren lassen und gleichzeitig den Darm entleeren. Auf diese Weise fliegen ihre Exkremente in alle Richtungen, weil der rotierende Schwanz sie durch die Luft schleudert).

Unterhält das männliche Nilpferd einen ganzen Harem von Weibchen, wie ein Hirsch oder ein Walross? Oder sucht es sich eine Partnerin, mit der es entweder für eine Paarungssaison oder für immer zusammenbleibt? Ist das Männchen „dominant" wie bei den Schimpansen? Welches Sozialverhalten haben Nilpferde, und inwiefern ist es mit dem anderer Tierarten vergleichbar? Bringen Sie Ihr Wissen über andere Tierarten und ihr Paarungs- und Sozialverhalten ein.

Wählt das Nilpferdweibchen seinen Partner nach Stärke oder Schönheit (wie in der Vogelwelt) aus? Ist das Weibchen treu oder sucht es mehrere Partner?

Verfügen die Teilnehmer über keine spezifischen Informationen, kann sich das Gespräch natürlich nur im Rahmen allgemeiner zoologischer Verhaltensmuster bewegen und wird kaum genauere Erkenntnis über die Nilpferde im Besonderen erbringen. Verallgemeinerungen sind unvermeidlich, solange keiner der Beteiligten genaue Kenntnis über die Spezies der Nilpferde besitzt.

Hat nur einer der Teilnehmer genauere Informationen zu einem Thema, fällt den übrigen die Rolle zu, die Diskussion durch gezielte Fragen zu eröffnen. Diese Fragen können ruhig provokativen Charakter haben.

- „Paaren sich Nilpferde zu Land oder zu Wasser (was einfacher zu sein scheint)?"
- „Welche Signale senden die Partner aus, um dem anderen ihre Paarungsbereitschaft anzuzeigen?"
- „Gibt es bei Nilpferden so etwas wie eine feste Brunftzeit, oder sind sie jederzeit paarungsbereit?"
- „Wie oft paaren sie sich?"

Die Fragen können sich an Kenntnissen orientieren, die man über andere Tierarten hat. Ebenso können sie auch auf das aufbauen, was gesagt wurde und worüber man Näheres erfahren möchte.

Einem Thema zu lauschen, über das man bisher nicht allzu viel gehört hat, kann ungleich interessanter sein, als nur zu wiederholen, was man schon weiß.

Konventionen

Wird im Fernsehen von Kundgebungen berichtet, sieht man normalerweise Demonstranten, die ihre bekannten Forderungen auf großen Bannern vor sich hertragen. Leider laufen viele Unterhaltungen und Diskussionen ziemlich ähnlich ab. Jeder bringt seine vorgefertigte, meist von Konventionen geprägte Meinung mit, die er gegen die anderen durchzusetzen versucht.

Doch ungeachtet dessen, was unsere Erziehung uns suggerieren mag, sind solche Gespräche alles andere als interessant. Ein Meinungsaustausch ist nur dann wirklich sinnvoll, wenn jeder der Beteiligten ein tatsächliches Interesse an den Sichtweisen der anderen hat.

- „Warum sind wir in dieser Sache so unterschiedlicher Auffassung?"
- „In welchen Punkten weichen unsere Meinung voneinander ab?"
- „Basieren unsere unterschiedlichen Standpunkte auf unterschiedlichen Werten, unterschiedlichen Erfahrungen oder unterschiedlichen Informationen?"

Denken wir immer daran, dass zwischen „Schlagabtausch" und „Austausch" ein großer Unterschied besteht. Die Wiederholung des Bekannten und Konventionellen ist langweilig, es sei denn, man ist ehrlich bestrebt, die verschiedenen Standpunkte miteinander zu vergleichen und im Thema weiterzukommen.

„Dies sind die gängigen Einstellungen. Wie gehen wir mit ihnen um? Liegt uns daran, dass der eine oder der andere von uns am Ende ‚Recht' bekommt, oder können wir gemeinsam weiterkommen?"

Ich schlug in einem Seminar einmal vor, man solle auf allen Schreibtischen von Führungskräften ein kleines Schild aufstellen, auf dem steht: „Wenn Sie Ihre Meinung nie ändern, wozu brauchen Sie dann eine?"

Und sollte jemand seine Meinung niemals ändern wollen, könnte man für ihn auch folgende Aufschrift wählen: „Denke wie letzten Monat, dann hast du auch dieselben Einfälle!"

Kurz: Das dauernde Wiederholen fester Meinungen ist uninteressant. Außerdem brauchen wir neue Ideen. Wir müssen uns neue Bereiche eröffnen, in denen wir auf neue Zweifel stoßen, die es auszuräumen gilt. Der Anspruch einer Unterhaltung sollte der sein, dass am Ende alle Beteiligten mehr daraus mitnehmen, als jeder von ihnen einbrachte.

Bei einer Diskussion über Globalisierung wird beispielsweise ausgeführt, dass die Arbeiter in den neu entstehenden Märkten ausgebeutet werden, weil ihre Löhne im Verhältnis zum Verkaufspreis des Produkts zu niedrig sind. Das ist ein möglicher Standpunkt.

Ein anderer Standpunkt wäre der, dass die Arbeiter von relativ hohen Löhnen – gemessen an den Wirtschaftsbedingungen ihres Landes – sehr profitieren würden. Andererseits bekommen sie die Arbeit nur, weil sie zu niedrigeren Löhnen arbeiten, als sie in Industrienationen üblich sind. Also hätten sie womöglich gar keine Arbeit mehr, wenn sie mehr Geld bekommen müssten. Ginge es ihnen damit besser?

Beide Sichtweisen haben eine gewisse Berechtigung. Nun wäre es an den Beteiligten, Lösungswege vorzuschlagen. Der Endpreis des Produkts könnte dahingehend reduziert werden, dass er sich eher am Lohn orientiert, statt eine unangemessen hohe Gewinnspanne für die Verkäufer zu gewährleisten. Davon wiederum würden die Verbraucher profitieren. Eine andere Möglichkeit wäre, Teile des Unternehmensgewinns (der sich aus den niedrigen Löhnen ergibt) in spezielle

„Hilfsfonds" zu investieren, mit denen man das Bildungs- oder Gesundheitswesen der Produktionsländer unterstützt.

Die neue Idee mag eventuell inakzeptabel oder sogar nicht praktikabel sein, doch worauf es ankommt, ist, dass man über das bloße Wiederholen konventioneller Standpunkte hinausgeht.

Heißt das im Klartext, dass es unwichtig ist, aus einer Diskussion als Gewinner hervorzugehen? Ja, wenn die ehrliche und sorgfältige Auseinandersetzung mit einem Thema sowie die daraus resultierenden Schlussfolgerungen wichtiger sind als das Beharren auf der vorgefertigten Meinung. Und sollte es dennoch darauf ankommen, einen bestimmten Standpunkt durchzusetzen, muss man ihn wenigstens mit einigen neuen Betrachtungen anreichern. Immer nur dasselbe zu wiederholen, ist entsetzlich ermüdend.

Humor

Humor macht einen wesentlichen Teil der geistigen Schönheit aus, und er erfüllt gleich mehrere Funktionen. Humor entkrampft den Diskurs und bringt ein wenig Spaß in die Sache. Und weil Humor per se immer halb ernst ist, erlaubt er es den anderen, das Gesagte ernst zu nehmen oder auch nicht – das entscheidet der Zuhörer. Insofern kommt dem Humor eine ähnliche Rolle zu wie der Provokation im lateralen, kreativen Denken.

Humor bietet Raum für Spekulationen. Man kann auf humorvolle Weise Dinge äußern, die nicht sehr wahrscheinlich, aber immerhin noch vage möglich sind.

„Sollten wir vielleicht eine Schönheitspolizei einführen?"

In Italien gibt es tatsächlich einen Badeort mit einer Schönheitspolizei. Wer im Bikini keine gute Figur macht, dem wird das Tragen desselben offiziell untersagt!

Witze sollten sich auf das Thema beziehen und einen bestimmten Standpunkt vertreten. Werden sie ohne jeglichen Zusammenhang eingeworfen, sind sie störend und ärgerlich. Phantasie ist eine Form von Humor. Durch absurde Übertreibungen können bestimmte Sichtweisen veranschaulicht werden. Besitzt zum Beispiel eine Führungskraft die Angewohnheit, alles und jedes bis ins Detail zu kontrollieren, könnte man scherzhaft sagen, der- oder diejenige wolle jedesmal informiert werden, wenn einer der Mitarbeiter auf dem Nachhauseweg zum Tanken anhält. Das glaubt dann zwar niemand, aber man hat damit ein durchaus vorhandenes Phänomen anschaulich illustriert.

„Der alte Joe würde eine neue Idee nicht mal erkennen, wenn sie im pinkfarbenen Ballettröckchen vor ihm herumhüpft und Handstände macht."

Hartnäckig hält sich der irrige Glaube, dass in einer ernsthaften Diskussion alles ernst zu sein hat. Das stimmt jedoch ganz und gar nicht. Eine vollkommen ernste Unterhaltung kann so langweilig sein, dass sich hinterher niemand mehr an deren Inhalt erinnert. Eine gelegentliche Veränderung im Tempo wie im Ton kann für ein besseres Verständnis und erhöhte Aufmerksamkeit sorgen.

Die Freude am Gespräch

Sie sollten es genießen, Ihren Verstand zu gebrauchen und zu beobachten, wie andere Leute den ihrigen einsetzen. Die Freude am Gespräch hat nichts damit zu tun, am Ende Recht zu bekommen. Neue Ideen und neue Erkenntnisse mitzuteilen, macht Spaß, ebenso wie das Gewinnen neuer Ideen und neuer Erkenntnisse durch die Beiträge anderer. Dinge aus einer neuen Perspektive betrachten zu können, macht Freude, genauso wie neue Informationen Spaß machen.

Gespräche muss man sich wie Tänze vorstellen. Es macht einfach mehr Freude, mit jemand anderem zu tanzen. Fordern Sie den Verstand Ihres Gegenübers zum Tanz auf. Und je besser Ihr Tanzpartner die Schritte beherrscht, umso größer der Genuss. Oder, auf das Gespräch übertragen, je besser Ihr Gegenüber die „Regeln" der Unterhaltung kennt, umso erfreulicher wird der Austausch. Sind ihm die Regeln hingegen fremd, wird er womöglich seine Zeit und Energie ausschließlich darauf verwenden, Sie davon zu überzeugen, dass er „Recht" hat.

Viele Menschen treiben gern Sport. Sie genießen es, sich körperlich zu betätigen, wenngleich der Anspruch dabei eher niedrig ist – etwa einen Ball in ein Netz zu bekommen. Wichtig ist die Aktivität – nicht ihr Zweck. Warum sollten die Leute nicht ebenso die „sportliche" Betätigung ihres Verstandes nutzen? Warum sollten sie nicht einfach Spaß am Denken haben? Rodin hat dem Denken mit seiner berühmten Statue keinen großen Dienst erwiesen, weil er das Denken als einen schwierigen und ernsten Akt dargestellt hat. Dabei kann Denken durchaus leicht und spaßig sein!

UMWEGE UND ABWEGE

1. Der Anspruch einer Diskussion entscheidet darüber, ob Abweichungen vom Thema akzeptabel sind oder nicht. Geht es um ein sehr ernstes Thema, sind Exkurse eventuell wenig angebracht.
2. Solange es sich um kurze Abweichungen handelt und man schnell wieder zum Ausgangsthema zurückkehrt, können sie jedes Gespräch beleben und sollten entsprechend begrüßt werden.

3. Gespräche sind immer dann langweilig, wenn niemand wirklich etwas zum Thema zu sagen hat. Daher ist es wichtig, ein breit gefächertes Interesse zu entwickeln, das es uns erlaubt, uns für jedes beliebige Thema zu interessieren.

4. Verfügt man über wenig Informationen, kann man sein Interesse zeigen, indem man Fragen stellt oder Spekulationen äußert. Ebenso kann man sich auf verwandte Themenbereiche beziehen, zu denen man mehr weiß.

5. Stets dieselben konventionellen Standpunkte zu vertreten, kann sehr langweilig sein. Desgleichen ist es ziemlich ermüdend, wenn man jedes Gespräch als einen Schlagabtausch angeht, bei dem man den eigenen Standpunkt gegen andere zu behaupten versucht.

6. Liegen große Meinungsdifferenzen vor, ist es vor allem spannend, zu ergründen, woher diese Differenzen rühren.

7. Manchmal lassen sich auf den ersten Blick konträre Ansichten miteinander in Einklang bringen. Zumindest aber sollte man immer versuchen, die unterschiedlichen Meinungen klarzumachen und zu ergründen, woher sie stammen.

8. Neue Ideen sind in jedem Gespräch willkommen, weil sie innovativ sind und damit ein Abweichen von den gängigen Denkweisen ermöglichen. Eine Idee kann auch dann als Provokation dienen, wenn sie nicht umsetzbar erscheint.

9. Humor ist eine wichtige Bereicherung für jedes Gespräch und bildet eine wesentliche Voraussetzung für die geistige Attraktivität.

10. Humor erlaubt es uns, Spekulationen zu äußern und Dinge auf halb ernste, halb scherzhafte Weise darzustellen.

11. Humor bietet die Möglichkeit, ernste Sachverhalte auf übertriebene oder absurde Weise darzustellen.

12. Gespräche und Diskussionen sollen dem Verstand Freude machen, so wie die sportliche Betätigung dem Körper Spaß macht.

14
Information und Wissen

Wir können nicht alles wissen. Aber wie viele Informationen über ein Thema brauchen wir, um an einem Gespräch oder einer Diskussion dazu teilzunehmen?

Dies ist eine offene Frage, auf die es keine eindeutigen Antworten gibt. Wenn Sie eine Reise unternehmen wollen, welche Informationen suchen Sie sich dann, um die Wahl des Reiseziels zu treffen? Manche Menschen wollen eventuell ganz genau Bescheid wissen, während andere sich mit allgemeinen Angaben über den Preis, das Wetter und das Unterhaltungsangebot zufrieden geben.

Wie viel Information?

Wie viel müssen Sie über das Klonen wissen, um ein Gespräch darüber führen zu können? Vielleicht wissen Sie, dass man in Großbritannien ein Klonschaf namens Dolly gezüchtet hat. Vielleicht ist Ihnen auch bekannt, dass in den USA eine Katze geklont wurde, die man „copy cat" nannte. Sie haben also eine vage Vorstellung vom Thema.

Kommen Sie nun mit einem Experten ins Gespräch, nehmen Sie die Position des interessierten Zuhörers, Fragenstellers und Lernenden ein.

- „Inwieweit ist das geklonte Wesen mit dem Zellspender identisch?"
- „Weisen beide die gleichen Wesensmerkmale auf?"

- „Würde man Menschen klonen, wären die Klone dann in der Lage, sich auf natürliche Weise fortzupflanzen?"
- „Kämen die Spenderzellen von einem älteren Menschen, wären die Zellen des Klons dann von Anfang an alt?"
- „Wie viele Menschen könnte man aus einer Zelle klonen?"
- „Wie steht es um die rechtliche Stellung von Klonen, hinsichtlich Erbschaftsfolge etc.?"

Es ist nicht schwer, sich Fragen einfallen zu lassen, wenn man wirklich etwas zu einem faszinierenden Thema wissen will. Zugleich sollte man vielleicht kleinere Diskussionen zwischendurch anregen, um es für die andere Partei interessanter zu machen. Dazu könnte man näher auf einzelne Punkte eingehen, die sich ergeben, und sie dazu nutzen, mehrere mögliche Sichtweisen darzustellen.

„Inwieweit wäre die Persönlichkeit eines Klons der des Zellspenders ähnlich?"

Hiermit würde man die Frage aufwerfen, ob Persönlichkeitsmerkmale von Genen, Sozialisation oder Lebensumständen determiniert werden.

Unterhalten Sie sich mit jemandem übers Klonen, der auf diesem Gebiet ebenso wenig bewandert ist wie Sie, müssen Sie sich auf die allgemein bekannten Aspekte beschränken, was aber noch lange nicht bedeutet, dass das Gespräch zwangsläufig langweilig wird.

- „Warum würden Sie sich klonen lassen wollen?"
- „Wer würde sich klonen lassen wollen?"
- „Wäre das Klonen problemlos möglich und erschwinglich, wie würde sich das auf Familien und die Gesellschaft insgesamt auswirken?"
- „Welche Vorteile bietet das Klonen von Menschen überhaupt?"

- „Falls man ein richtig gutes Rennpferd klont, würde dann das Klonpferd genauso erfolgreiche Rennen laufen?"
- „Hätte man Einstein geklont, was für ein Mensch wäre dabei herausgekommen?"

Wie viel Sie wissen müssen, hängt vom jeweiligen Thema ab. Das Thema „Klonen" ist so exotisch und faszinierend, dass praktisch jeder an einer spekulativen Unterhaltung darüber teilnehmen kann. Geht es im Gespräch hingegen um Orchideen, gestaltet sich eine interessante Unterhaltung ungleich schwieriger, solange niemand dabei ist, der etwas von Orchideen versteht.

Auf jeden Fall sind Sie nie verpflichtet, sich an einer Diskussion zu beteiligen, von deren Inhalt Sie sehr wenig oder gar keine Ahnung haben. Kommen Sie zu einer Runde, die sich über ein Ihnen gänzlich unbekanntes Thema unterhält, können Sie einfach zuhören und gelegentlich Fragen stellen.

Es ist keine Schande, zu sagen: „Ich kenne mich mit dem Thema überhaupt nicht aus, lerne aber gern dazu, indem ich zuhöre."

Oft genießen es Menschen, die sehr viel zu einem Thema wissen, ihr Wissen an einen bereitwilligen Zuhörer weiterzugeben. Und während man jemand anderem ein Thema erklärt, gewinnt man selbst bisweilen neue Erkenntnisse. Von Zeit zu Zeit sollte der Zuhörende das bisher Gesagte zusammenfassen, um dem Sprecher zu signalisieren, dass er es verstanden hat. Außerdem kann eine knappe Wiederholung zur Klärung von Zusammenhängen dienen.

Das Zulu-Prinzip

Suchen Sie sich ein spezielles Thema, über das die meisten Menschen nur sehr wenig wissen. In den USA könnte das zum Beispiel das Thema „Zulu" sein. Werden Sie zum Experten auf diesem Gebiet, so dass Sie anderen dazu eine Menge sagen können.

Erklären Sie etwa, dass in der Zulu-Sprache kein „Nein" vorkommt. Stattdessen sprechen die Zulu das Wort für „Ja" sehr gedehnt aus, um es unsicher klingen zu lassen – ähnlich wie wir „Jaaah" sagen und damit vermitteln, dass wir gewisse Zweifel haben.

Sie können auch erzählen, dass die Zulu-Männer sehr kriegerisch wirken und sich in Leopardenfelle kleiden. Tatsächlich aber herrscht bei den Zulu ein Matriarchat, und die Frauen haben die absolute Kontrolle. Vergleichen Sie dann die Zulu-Kultur mit anderen, beispielsweise der japanischen.

Selbst in Unterhaltungen, die nicht direkt mit Zulus zu tun haben, können Sie Ihr Fachwissen einfließen lassen.

Sie können sich natürlich auch zwei oder drei Bereiche suchen, in denen Sie sich genauere Kenntnisse aneignen. Das kann die Dalmatinerzucht sein oder der als „Tulipmania" in die Geschichte eingegangene Finanzskandal im 17. Jahrhundert, als in England und Holland Spekulationen mit Tulpenzwiebeln eine schwere Börsenkrise auslösten. Mit der Zeit werden Sie mehr und mehr Übung darin bekommen, einzelne Aspekte aus diesen exotischen Fachgebieten in beinahe jede Unterhaltung einfließen zu lassen.

Die Spiegel-Strategie

Einer bekannten Unternehmensberatung sagt man nach, sie würde nach der „Spiegel-Strategie" arbeiten. Die Berater werden von den leitenden Managern in die Unternehmen gerufen, wenn es Probleme gibt oder Restrukturierungen anstehen. Daraufhin gehen die externen Berater durch die Unternehmen und hören sehr aufmerksam zu, was dort gesagt wird. Aus dem Gehörten stellen sie einen Bericht zusammen, den sie dann dem Management vorlegen.

Weil die Berater hohe Honorare kassieren, lesen die Manager ihre Berichte entsprechend sorgfältig und registrieren vielfach erst jetzt, was die ganze Zeit schon offen geäußert wurde – als sie jedoch nicht hinhörten.

Diese Form der Beratung ist insofern nützlich, als sie wie ein Spiegel funktioniert, indem sie das reflektiert, was wirklich da ist. Zudem darf man nicht vergessen, um wie viel „gültiger" einige Ideen erscheinen, sobald sie von einem Berater aufgegriffen und beurteilt werden.

Genauso ist es möglich, vielen unterschiedlichen Menschen zuzuhören, die sich zu einem Thema äußern, und die Inhalte dann zusammenzufassen, um daraus die eigene Wissensgrundlage zu bilden, über die man anschließend frei verfügen kann. Natürlich ist nichts dagegen einzuwenden, dass wir einer Person gegenüber wiederholen, was uns eine andere kürzlich erzählt hat. Das birgt allerdings die Gefahr, dass wir ein Missverständnis übernehmen, wenn der erste Gesprächspartner etwas falsch verstanden hatte.

Sie können selbstverständlich auch Ihre eigene Interpretation hinzufügen oder den Informationen, die Sie von anderen erhalten haben, Ihre persönliche „Note" verleihen. Damit täten Sie dann genau das, wofür man gemeinhin Unternehmensberater bezahlt.

Haben Sie eine Unterhaltung über einen Film mit angehört, können Sie die Kommentare der Sprechenden dann in einem anderen Kontext wiederholen, selbst wenn Sie den Film noch nie gesehen haben. Dabei bleibt Ihnen die Entscheidung überlassen, ob Sie darauf hinweisen wollen, dass Sie bisher nur von dem Film gehört haben.

Wissensgewinnung

Wie gelangen Sie an neue Informationen? Mit welchem Wissen wollen Sie sich ausstatten?

Zunächst stehen Ihnen die gängigen Informationsquellen zur Verfügung: Zeitungen, Bücher, Vorträge, andere Leute, das Internet, Magazine, Kurse etc.

Nun kann man auf zweierlei Weise neues Wissen gewinnen. Zum einen wäre da eine allgemeine Kenntnis dessen, was auf der Welt geschieht. Dieses Wissen eignet man sich über Zeitungen, Veröffentlichungen und Informationen durch Dritte an. Zum anderen gibt es spezielle Interessensgebiete, zu denen nicht nur das Zulu-Prinzip gehört, mit denen man sich intensiver befasst – hier kann man vor allem das Internet nutzen, um Spezialinformationen zu bekommen.

Als man japanische Touristen befragte, warum sie nach Queensland in Australien reisten, antworteten neununddreißig Prozent der Befragten, sie würden hinfahren, „um einen Koala zu knuddeln". Nun bietet Queensland phantastische Regenwälder und Strände. Kehrt man aber nach Japan zurück und erzählt, die Landschaft sei überwältigend gewesen, wirkt das wenig spektakulär. Zeigt man hingegen ein Foto von sich mit einem Koala auf dem Arm, gibt das weit mehr her. Diese Geschichte illustriert einen wichtigen Punkt:

Allgemeine Informationen zu einem Thema sind häufig nicht so interessant wie winzige Details, die man dazu gelesen hat. Dabei kann es sich um einen einzigen kleinen Absatz in einer Zeitung handeln, wie etwa einer Kurzmeldung über zweitausend Menschen, die sich auf einer Brücke in Moskau versammelten und sich dort küssten, um ins Guinnessbuch der Rekorde zu kommen.

Dennoch wird es schwierig sein, ein Gespräch einzig auf solche „kuriosen" Informationen aufzubauen. Sie können allerdings sehr wohl dazu dienen, andere Themen anzusprechen. Von der Moskau-Meldung kann man beispielsweise darauf kommen, welche Bedeutung Ruhm für die Menschen hat – selbst die maximal fünfzehn Minuten, die Andy Warhol einst erwähnte – und was sie zu tun bereit sind, um irgendwie in die Medien zu kommen. Auch das Thema „Küssen" als seltsame Angewohnheit böte sich hier an. Dient Küssen der Übertragung von Pheromonen?

Auf jeden Fall sind solche kleinen Wissenseinsprengsel wie die Rosinen in einem Kuchen. Sie bringen Abwechslung in ein Thema, das ohne sie eventuell trocken und langweilig wäre. Entsprechend ist es sinnvoll, sich einen gewissen Vorrat an Kuriositäten zuzulegen, die man bei Gelegenheit anbringen kann.

Wie viel muss man wissen?

Ein guter Koch kann aus fast allen Zutaten ein leckeres Mahl bereiten. Jeder halbwegs begabte Kochkünstler bringt ein anständiges Gericht zustande, wenn er über unbegrenzte Zutaten verfügt. Ebenso ist es nicht schwierig, ein großartiges Gespräch zu führen, wenn alle Beteiligten alles zu dem Thema wissen.

Doch wie der gute Küchenchef noch aus den armseligsten Zutaten ein köstliches Essen zu zaubern vermag, kann jemand, der über geistige Attraktivität verfügt, noch mit den rudimentärsten Informationen eine großartige Unterhaltung gestalten.

Tasten Sie sich behutsam vor, bis Sie ein Thema gefunden haben, für das sich Ihr Gegenüber interessiert, und gehen Sie dann näher auf dieses Gebiet ein. Manche Menschen wirken zunächst langweilig, blühen aber regelrecht auf, wenn sie sich einem geschickten Gesprächspartner gegenübersehen, und entpuppen sich dann häufig als weit anregender, als Sie je für möglich gehalten hätten.

Seien Sie aktiv und ergreifen Sie die Initiative, statt bloß auf das zu reagieren, was andere sagen. Lehnen Sie sich nicht einfach nach dem Motto zurück: „Unterhaltet mich." Ein Gespräch bedeutet, gemeinsam herauszufinden, was sich aus einem begrenzten Informations- und Wissensangebot machen lässt.

Gefühle, Wertvorstellungen und Spekulationen werden auch durch noch so spärliches Wissen nie eingeschränkt. Unsere Phantasie ist grenzenlos. Ob die Ideen, die dabei herauskommen, realistisch sind, steht auf einem anderen Blatt, aber die Unterhaltung kann sehr viel Spaß machen.

Stellen Sie sich zum Beispiel ein Gespräch über den Himmel vor. Niemand besitzt dazu irgendeine verlässliche Information, aber wir alle haben vage Vorstellungen von Engeln und Harfenklängen. Also halten Sie es wie Dante, und lassen Sie Ihrer Phantasie freien Lauf. Gestalten Sie das Gespräch mit Ihrer Kreativität.

INFORMATION UND WISSEN

1. Sie brauchen nicht alles und jedes über ein Thema zu wissen, um an einer Unterhaltung darüber teilnehmen zu können.

2. Wenn jemand anders über mehr Informationen verfügt als Sie, dann hören Sie interessiert zu und stellen Fragen.

3. Sprechen Sie einen Punkt an, der Sie besonders fasziniert, und unterhalten Sie sich über diesen einen Aspekt.

4. Es ist sinnlos, mehr Wissen vorzutäuschen, als man hat. Indem man seine Unwissenheit offen bekennt, bringt man sich in eine bessere Ausgangsposition.

5. Das Zulu-Prinzip besagt, dass Sie sich zu einem exotischen Thema ein Spezialwissen aneignen, auf das Sie bei allen möglichen Gelegenheiten zurückgreifen können.

6. Selbst wenn es im Gespräch gar nicht um Zulus geht, können Sie einzelne Punkte Ihres Wissens aus diesem Gebiet einbringen.

7. Die Spiegel-Strategie funktioniert so, dass Sie aufmerksam zuhören und dann das Gesagte mit Ihren Worten wiedergeben. Fassen Sie die gesammelten Informationen zusammen, um sich daraus Ihr eigenes Bild zu machen.

8. Es gibt zweierlei Arten von Informationen, um die Sie sich bemühen sollten. Da sind zum einen die allgemeinen Informationen über das, was in der Welt geschieht. Und zum anderen sollten Sie bestimmte Interessensgebiete haben, zu denen Sie sich nähere Informationen beschaffen, um Ihr Wissen zu vertiefen.

9. Bisweilen müssen Sie sich aktiv um Informationen bemühen, weil das Wissen, das Ihnen quasi von allein zufliegt, nicht ausreicht.

10. Es macht Sinn, sich einen Vorrat an kleinen Anekdoten oder kuriosen Informationen zuzulegen. Mit ihnen lassen sich langweilige Diskussionen beleben. Außerdem können sie auch als Gesprächseröffnungen hilfreich sein.

11. Ein guter Gesprächspartner kann noch mit den spärlichsten Informationen eine interessante Unterhaltung führen.

12. Wenn man sich auf so gut wie keine verlässlichen Informationen stützen kann, können Phantasie und Spekulation als Gesprächsgrundlagen dienen.

15
Meinungen

Haben Sie das Recht, eine eigene Meinung zu haben? Wann haben Sie ein Recht auf eine eigene Meinung? Wer hat ein Recht auf eine eigene Meinung?

Ein möglicher Extremfall wäre der, dass jemand sehr wenig über ein bestimmtes Thema weiß und dennoch eine sehr feste Meinung dazu hat. Denkbar ist auch, dass jemand, der sehr gut informiert ist und eine Menge über ein Thema nachgedacht hat, unfähig ist, einen Standpunkt dazu zu beziehen.

Eine Meinung ist so etwas wie ein Eintopf aus Information, Wahrnehmung, Gefühl und Werten, der in einem bestimmten kulturellen Umfeld zusammengekocht wird.

Wozu brauchen wir eine Meinung?

Genauso gut könnten wir fragen: Wozu brauchen wir Menschen? Natürlich kann man ein Gespräch führen, in dem niemand eine Meinung vertritt. Die Teilnehmer beschäftigen sich gemeinsam mit einem Thema. Doch irgendwann kommt der Punkt, an dem man Wertmaßstäbe ansetzen muss, und daraus entstehen dann Meinungen und Überzeugungen.

Es gibt feste Meinungen, vorläufige Meinungen, die als eine Art „Statthalter" fungieren, bis eine klarere gefasst werden kann, und solche, die zwar zunächst recht überzeugend vertreten werden, aber letztendlich für Änderungen offen sind.

Wir können uns eine reichhaltige Speisekarte in einem Restaurant ansehen und müssen uns am Ende doch für eines der Gerichte entscheiden – selbst wenn wir zwischen zweien hin und her gerissen sind.

Wer geistige Attraktivität besitzt, kann sich eine Meinung bilden und scheut auch nicht davor zurück. Zudem ist er sich stets bewusst, worauf seine Überzeugung gründet, und hält sie offen für Veränderung. Eine Meinung zu haben, ist etwas anderes, als eine wissenschaftliche Hypothese aufzustellen. Die Hypothese ist ein klar definiertes und nützliches Konzept – andernfalls könnte man nie Experimente entwerfen. Dennoch ist eine Hypothese ein „Provisorium", und der Wissenschaftler bleibt ständig bestrebt, eine bessere Hypothese zu finden.

Hat Ihre Meinung die größere Gültigkeit, weil Sie über das betreffende Thema besser informiert sind als Ihr Gegenüber? Nicht unbedingt, denn Wahrnehmung und Wertvorstellungen spielen eine wichtige Rolle. Eventuell stoßen Sie auf verlässliche Informationen, die dafür sprechen, dass die andere Meinung gültiger ist als Ihre.

Vertreten Sie beispielsweise die Meinung, dass den Partnern bei arrangierten Ehen die Beziehung „aufgezwungen" würde, dann sprechen Sie sich damit klar gegen die Sitten in bestimmten Kulturkreisen aus. Sollte Ihnen allerdings unbekannt sein, dass jeder der Partner die vorgeschlagene Verbindung ablehnen kann, werden Sie Ihre Meinung vielleicht ändern, sobald Sie davon erfahren.

Meinungsäußerungen provozieren

Bei manchen Leuten gehört es zum persönlichen Stil, feste Meinungen zu äußern, die in Wirklichkeit gar nicht so gefestigt sind. Sie wollen damit andere provozieren, einen Standpunkt zu beziehen. Diese Taktik hat gewisse Vorzüge, birgt jedoch auch Risiken. Man kommt damit leicht in den

Ruf, viele vorgefertigte Überzeugungen zu haben, die nicht sonderlich fundiert sind.

Manchmal trägt man eine Meinung vor, um ein Gespräch in Gang zu bringen. In diesem Fall gibt es keinen Grund, warum man es nicht offen zugeben sollte.

- „Gehen wir einmal davon aus, ich würde die ziemlich provokative Meinung vertreten, dass ...“
- „Das ist zwar nicht meine Auffassung, aber stellen wir uns mal vor, jemand würde die Meinung äußern, dass ...“
- „Vielleicht belebt es die Diskussion, wenn wir uns mit folgender Meinung zum Thema befassen: ...“

Übung

Im Folgenden finden Sie eine Übung, die es erleichtert, spontan Stellung zu beziehen. Sehen Sie sich die Themenliste an, und überlegen Sie, welche Ansichten Sie zu den jeweiligen Themen äußern können. Anschließend versuchen Sie, sich zu jedem Thema eine absichtlich provokative Meinung auszudenken, die ruhig weit von dem Standpunkt abweichen kann, den Sie in Wahrheit vertreten.

- Der Kampf gegen den Terrorismus,
- Obdachlose,
- große Einkaufszentren,
- Universitäten,
- Zusammenleben vor der Ehe,
- Wegfall von Einreisebeschränkungen,
- Die Verantwortung der Tierhalter bei Hundebissen,
- Sportidole,
- Feminismus,

- Hilfe für arme Länder,
- kosmetische Chirurgie,
- Legalisierung der Prostitution,
- auf dem Land leben.

Blickwinkel

Wenn Sie auf einem Berg stehen, betrachten Sie die Welt aus einem bestimmten Blickwinkel. Stehen Sie unten im Tal, ist Ihre Sichtweise anders. Befinden Sie sich inmitten einer weiten Ebene, ergibt sich wieder eine andere Sicht.

Als vierzigjährige Weiße aus der amerikanischen Mittelschicht mit einem Haus in einem schönen Vorort ist Ihr Blickwinkel anders als der eines weiblichen Teenagers, der in einem Viertel aufwächst, das man als „sozialen Brennpunkt" bezeichnet.

Die schwierige Frage lautet hier: Wie persönlich sollte eine Meinung sein?

Schwierig ist die Frage deshalb, weil noch die ausgewogenste Meinung auf Ihren Erfahrungen, Ihren Wertvorstellungen, Ihrem kulturellen Hintergrund und Ihrem Blickwinkel basieren würde, also Ihre Sicht der Dinge von vornherein eingeschränkt ist.

Würden alle Menschen ihre Ansichten ausschließlich nach ihrem Blickwinkel bilden, könnte eine Demokratie nie funktionieren, denn die Politiker sind vermögender und besser situiert als die meisten der Menschen, für die sie Entscheidungen treffen.

Also scheint es notwendig, dass man auch über andere Sichtweisen nachdenkt. Das allerdings ist leichter gesagt als getan. Wie einfach ist es, sich auszumalen, welche Sicht der Dinge ein obdachloser Drogenkranker hat? Man kann sich vorstellen, was er braucht: Unterkunft, Unterstützung, Medikamente und Rehabilitationsmaßnahmen. Doch, so vernünftig es auch klingen mag, entspricht es vielleicht ganz und gar nicht dem, was sich der obdachlose Drogenabhängige vorstellt, der eventuell nur leichteren Zugang zu billigeren Drogen will.

An diesem Punkt bewegen wir uns auf heikles Terrain, denn wir müssen entscheiden, was für andere Leute das Beste ist, auch wenn es nicht dem entspricht, was sie sich selbst wünschen. Also müssen wir uns gegen ihren Willen durchsetzen.

Wenn Sie zur Wahl gehen, wählen Sie „Ihre Meinung". Sie entscheiden sich nicht im Auftrag einer Mehrheit, die vielleicht ganz andere Sichtweisen vertritt als Sie. Und wenn jeder in dieser Mehrheit ebenfalls seine oder ihre Meinung „wählt", dann wird die Demokratie diese Meinungsäußerungen berücksichtigen.

Ist eine normale Diskussion nun eher wie ein Gang zur Wahlurne oder eher wie das Regieren? Im ersten Fall wären Sie durchaus berechtigt, Ihren eigenen Standpunkt einzunehmen: Vielleicht würden Sie lieber weniger Steuern zahlen, selbst wenn das Geld für wohltätige Zwecke ausgegeben wird. Im zweiten Fall müssten Sie auch mitberücksichtigen, was eventuell für „die meisten Menschen" oder „die Nation als Ganzes" das Beste wäre.

Die Frage ist nicht einfach, weil Sie sich Ihre Meinung weit besser bilden können, wenn Sie dabei einzig von Ihrem Blickwinkel ausgehen, statt auch alle anderen Sichtweisen mit zu bedenken.

Es gab einmal eine Zeit, in der sich die USA nach außen hin sehr isolationistisch gaben und sich nicht sonderlich darum zu kümmern schienen, was im Rest der Welt passierte. Das hat sich offenbar grundlegend geändert. Als erste internationale Polizeiaktion der USA kann man vielleicht die Entsendung von Truppen ins Mittelmeer werten, wo sie in den Tripolischen Kriegen (1801–1805) die Barbary-Korsaren

(Piraten) angriffen. Auf diese Weise gelangte die Erwähnung von Tripolis in das Schlachtlied der Marines.

Sind Sie ein Weltbürger, ein Bürger Ihres Landes, Ihrer Stadt oder Ihres Viertels? Ihre Meinungen können variieren, je nachdem, aus welcher Position Sie sprechen.

- „Das ist meine persönliche Meinung ..."
- „Aus nationaler Sicht würde ich sagen ..."
- „Wenn es um Menschlichkeit und menschliche Werte geht, würde ich sagen ..."

Es kann ziemlich ermüdend sein, wenn jeder ständig mehrere Meinungen zu einer Sache äußert. Also können wir versuchen, unterschiedliche Ansichten in unsere persönliche Meinung einfließen zu lassen. Und wenn nicht, sollten wir zumindest klarmachen, aus welchem Blickwinkel wir das Thema betrachten.

Seine Meinung ändern

Hier haben wir es mit einem weiteren Schlüsselelement geistiger Schönheit zu tun. Wer sich nämlich weigert, von seinem Standpunkt abzuweichen, beweist damit Sturheit, und die ist alles andere als schön.

Wie lange aber hält man an seiner Meinung fest? Was kann uns dazu bringen, unsere Ansichten zu ändern?

Es gibt grundsätzlich zwei Arten von Meinungsänderung. Die einfachste ist die, bei der wir unsere bestehende Sichtweise modifizieren, indem wir sie beispielsweise abmildern. Die schwierigere Form der Meinungsänderung ist die, bei der wir unsere Überzeugung komplett über den Haufen werfen oder die eines anderen akzeptieren.

Seine Meinung zu ändern, ist nie ein Zeichen von Schwäche. Vielmehr trifft das Gegenteil zu, denn wir demonstrieren damit geistige Offenheit, ohne die es keine geistige Attraktivität geben kann. Was ist ein geeigneterer Beweis für geistige Offenheit und objektives Denken als die Änderung der eigenen Meinung? Die eigenen Ansichten zu verteidigen, ist nur natürlich, aber sie zu ändern, geht weit über unsere instinktiven Neigungen hinaus.

Wäre jeder bereit, seine Meinung im Zweifelsfall zu revidieren, könnten wir viel konstruktivere Diskussionen führen und würden uns weniger Ego-Schlachten liefern.

Neue Informationen

Neue Informationen sind wohl einer der überzeugendsten Gründe für uns, unsere Sichtweise zu ändern. Außerdem bieten sie uns den akzeptabelsten Grund dafür.

Wenn Sie der Meinung sind, dass in Strafprozessen die Verteidigung schlecht ist, und dann erfahren, dass in fünfundneunzig Prozent aller Strafverfahren eine Einigung stattfindet, bei der sich der Angeklagte schuldig bekennt, um so das Strafmaß zu mildern, dann schwächt das Ihren Standpunkt. Sie können natürlich auch argumentieren, dass es nur deshalb zu diesen Einigungen kommt, weil der Angeklagte weiß, wie schlecht die Strafverteidiger arbeiten.

Wenn Sie die Ansicht vertreten, die Kriminalität in New York nehme zu, und dann erzählt Ihnen jemand, dass die Statistiken einen Rückgang der Kriminalitätsrate ausweisen, ändern Sie Ihre Meinung vielleicht.

Verallgemeinerungen vermeiden

Wir sind schnell versucht, Pauschalurteile zu treffen:

„Alle Politiker sind korrupt. Jeder von ihnen hat seinen Preis."

Diese Aussage klingt weit eindrucksvoller als die folgende:
„Ich hege den Verdacht, dass manche Politiker korrupt sind."

Im Lauf der Diskussion lässt sich eine Verallgemeinerung schrittweise abschwächen, was dann folgendermaßen aussehen kann:

- Alle Politiker sind korrupt.
- Die meisten Politiker sind korrupt.
- Die Mehrheit der Politiker ist korrupt.
- Viele Politiker sind korrupt.
- Manche Politiker sind korrupt.
- Einige Politiker sind korrupt.
- Es gibt korrupte Politiker.

An welchem der Punkte Sie letztlich ankommen, hängt davon ab, welche Beweise oder Meinungen man Ihnen präsentiert – und ob Sie willens sind, zuzuhören. Die Abschwächung von „alle" in „die meisten" oder sogar „viele" fällt uns nicht weiter schwer. Noch weiter zu gehen, ist allerdings nicht mehr so einfach, denn damit ändern wir unsere Meinung vollständig.

Andere Werte – andere Meinungen

Überzeugungen können sich auch ändern, wenn wir feststellen –, oder jemand uns darauf hinweist –, dass die Werte, die wir ansetzen, eventuell keine universelle Gültigkeit haben. In anderen Kulturen wird vielleicht mehr Wert auf Kompatibilität als auf romantische Liebe gelegt, weshalb Ihre Meinung zu arrangierten Ehen nur eine persönliche Ansicht ist.

Sie können zwar der Ansicht sein, andere Menschen sollten dieselben Wertmaßstäbe ansetzen wie Sie, aber trotzdem erkennen Sie eventuell eines Tages, dass dem nicht so ist.

Oder Sie vertreten abstrakte Werte, die Sie für allgemein gültig ausgeben oder nur auf andere beziehen, von denen Sie aber abweichen, sobald Sie sie als Maßstab für Ihre unmittelbare Umgebung oder sich persönlich anwenden müssen.

Es gibt ein Land, das eigentlich als Rollenmodell für liberales Denken und Menschlichkeit gesehen wird. Als man dort allerdings somalische Flüchtlinge aufnahm, fühlten sie sich alles andere als willkommen. Hier haben wir es mit einem Beispiel für NIMBY (Not In My BackYard – „Nicht auf meinem Hinterhof") zu tun. Man kann für einen neuen Windpark oder eine neue Mülldeponie sein, aber man ist überhaupt nicht dafür, das eine oder andere hinter dem eigenen Gartenzaun zu haben.

Bei Politikern kann man „Nicht auf meinem Hinterhof" auch durch „Nicht in meinem Wahlkampf" ersetzen, denn ein Politiker kann durchaus bestimmte Reformen befürworten, würde sie jedoch nie im Wahlkampf ansprechen wollen.

Vergleichen und unterscheiden

Wie bereits mehrfach erwähnt, macht es viel Sinn, unterschiedliche Meinungen nebeneinander zu stellen. Dafür müssen sie jedoch klar und aufrichtig formuliert sein.

Man sieht sie sich an und erkennt, an welchen Stellen sie sich überlappen, wo sie übereinstimmen und in welchen Punkten sie sich unterscheiden. Diese Unterschiede können gravierend sein oder auch unwesentlich. Nun kann man versuchen, die Ursache für die Differenzen auszumachen (unterschiedliche Informationen, unterschiedliche Erfahrungen, unterschiedliche Wahrnehmungen, unterschiedliche Werte etc.). Anschließend kann man sich bemühen, die Meinungen miteinander in Einklang zu bringen, indem man sie entweder modifiziert oder weitere Informationen austauscht.

Findet man nicht zu einer gemeinsamen Ansicht, kann man sich immer noch darauf verständigen, in welchen Punkten man voneinander abweicht. Für gewöhnlich basieren Differenzen auf unterschiedlichen Einschätzungen dessen, was geschieht, wenn bestimmte Veränderungen oder Interventionen durchgesetzt werden.

„Ich glaube, die Sprache ist ungeeignet, komplexe Situationen darzustellen, weshalb wir einen universellen ‚Situationscode' brauchen, um in bestimmten Situationen sofort effektiv kommunizieren zu können. Sie glauben dagegen, unsere Sprache sei dazu durchaus geeignet, wenn man sie richtig anwendet. Darin stimme ich Ihnen zu, allerdings mit der Einschränkung, dass nur wenige Menschen in der Lage sind, Sprache ‚richtig' anzuwenden. Daher würden vorformulierte Codes das Leben für die meisten Menschen einfacher machen."

MEINUNGEN

1. Eine Meinung massiv zu vertreten, die auf sehr wackeligen Füßen steht, ist ein Extrem. Sich zu weigern, einen Standpunkt zu beziehen, obwohl man sehr gut informiert ist, ein anderes. Man sollte versuchen, irgendwo in der Mitte zwischen den beiden Extremen zu stehen.

2. Überzeugungen entstehen aus Informationen, Wertmaßstäben, Gefühlen und Erfahrungen, die sich vor einem bestimmten kulturellen Hintergrund vermengen.

3. Manchmal kann es nützlich sein, eine eindeutige Meinung provokativ zu äußern, aber man sollte dabei deutlich machen, dass man bewusst provoziert.

4. Meinungen sind vom jeweiligen Blickwinkel abhängig, also von unseren Lebensumständen.

5. Sie können eine Ansicht vertreten, die sich an Ihrer sehr persönlichen Sichtweise orientiert, und den anderen Gesprächsteilnehmern freistellen, es ebenfalls zu tun.

6. Vielleicht möchten Sie auch eine Meinung äußern, die „allgemein" oder für jeden gilt.

7. Sagen Sie immer deutlich, um was für eine Ansicht es sich handelt: um Ihre persönliche oder eine, die auch andere vertreten.

8. Wer geistige Attraktivität besitzt, ist jederzeit bereit, seine Meinung zu ändern.

9. Neue Informationen machen es oft notwendig, eine Meinung zu revidieren.

10. Man kann seinen Standpunkt so ändern, dass aus einer verallgemeinernden Ansicht in eine weniger allgemein gefasste wird.

11. Wenn man andere Wertmaßstäbe ansetzt, ändern sich auch die ursprünglich vertretenen Sichtweisen.

12. Unterschiedliche Meinungen sollten nebeneinander gestellt und verglichen werden. Man ergründet die Ursache für die Differenzen, die man dann auszuräumen versucht. Gelingt das nicht, kann man sich zumindest darauf einigen, in welchen Punkten man voneinander abweicht.

16
Unterbrechungen

Wann sind Sie an der Reihe, etwas zu sagen? Können Sie warten, bis Sie zu Wort kommen? Ist es manchmal notwendig, sein Gegenüber zu unterbrechen, oder zeugt das lediglich von schlechten Manieren?

Wenn jemand Sie fortlaufend unterbricht, verlieren Sie den Faden, und anstelle einer fließenden, logischen Darstellung dessen, was Sie sagen wollen, bleiben Ihnen nur noch kurze Kommentare übrig. Infolgedessen gelingt es Ihnen kaum mehr, einen Zusammenhang herzustellen.

Denken Sie an einen Künstler, der ein Bild malt. Wenige Schritte von ihm entfernt steht jemand, der ihn ständig bei seiner Arbeit unterbricht. Eventuell macht er Vorschläge, wie etwas gemalt werden sollte. Vielleicht kritisiert er auch, was der Maler tut. Möglicherweise greift er sogar zum Pinsel und besteht darauf, das Bild nach seinen Ideen fertig zu stellen. Der Künstler wird darüber wahrscheinlich wenig erfreut sein, und das Gemälde leidet gewiss unter den Unterbrechungen. Jemanden im Gespräch zu unterbrechen, ist meist nicht so schlimm, aber eine Unterbrechung bleibt es dennoch.

Also kann man grundsätzlich sagen, dass eine Unterbrechung nie empfehlenswert ist. Trotzdem gibt es Situationen, in denen ein Einhaken nützlich und sogar notwendig ist.

Ich bin dran

Ein Gespräch ist kein Vortrag und auch kein Monolog. Es sollte ein Dialog sein. Wenn nun eine Person ständig redet, haben die anderen Teilnehmer keine Gelegenheit, ihre Ansichten und Meinungen zu äußern.

Sind Sie in einer Fernsehshow zu Gast, signalisiert Ihnen der Moderator deutlich, wann es Zeit für Sie ist, den Mund zu halten. Hier kann es nämlich entsetzlich langweilig für das Publikum werden, wenn ein einzelner Gast das Gespräch an sich reißt, und außerdem rennt dem Moderator derweil die Sendezeit davon.

In einem normalen Gespräch ist es sehr viel schwieriger, Ungeduld auszudrücken, ohne dabei unhöflich zu wirken. Was man allerdings tun kann, ist, vorsichtige Unterbrechungsversuche zu unternehmen, mit denen man signalisiert, dass man auch gern etwas sagen würde.

- „Ja ...“
- „Aber ...“
- „Ich denke ...“

Solche Einwürfe bringen jedoch meist nicht viel. Wer es gewohnt ist, ununterbrochen weiterzureden, dürfte auch Routine darin haben, diese Versuche zu ignorieren.

Ich habe einmal ein Meeting bei der UNESCO in Paris organisiert. Dort traten zahlreiche wichtige Redner auf, die wichtige Dinge zu sagen hatten. Jeder Sprecher hatte fünfzehn Minuten Redezeit zugeteilt bekommen – was vielleicht ein wenig knapp war. Der erste Redner jedenfalls beanspruchte gleich fünfundvierzig Minuten für sich. Alle anderen wurden schon sehr ungeduldig. Also vereinbarte ich mit ihnen für ihre Redebeiträge folgendes Signal: Ich stellte drei Cola-Flaschen gut sichtbar auf einen Tisch. Wenn ein Sprecher noch fünf Minuten hatte, stand ich auf und stellte eine der Flaschen weg. War seine Redezeit um, nahm ich die zweite Flasche weg. Hatte er um fünf Minuten überzogen und musste dringend zum Schluss kommen, wurde die letzte

Flasche weggestellt. Das System funktionierte für den Rest des Meetings einwandfrei und niemand überzog länger als fünf Minuten.

Ähnlich wirkungsvoll war das Vorgehen eines englischen Gutsherrn, der die langen Predigten des Vikars in der Dorfkirche ermüdend fand. Der Gutsherr saß immer in einer der vorderen Kirchenbänke, direkt vor der Kanzel. Zu Beginn der Predigt legte er drei Fünf-Pfund-Noten – in jenen Tagen eine beachtliche Summe – auf die Bank vor sich. Dieses Geld sollte der Vikar am Ende des Gottesdienstes bekommen. Alle zehn Minuten nahm der Gutsherr eine der Banknoten weg und steckte sie wieder ein, und dauerte die Predigt länger als dreißig Minuten, war von der Spende nichts mehr übrig.

Im Kapitel über die Gesprächsclubs, die am Ende des Buches vorgestellt werden, wird ebenfalls eine gute Methode beschrieben, die einem Redner deutlich signalisiert, dass seine Vortragszeit um ist und jemand anderes zu Wort kommen sollte.

Wenn Sie selbst in der Position sind, ungeduldig darauf zu warten, endlich etwas sagen zu können, stellen Sie fest, wie enervierend es ist, wenn jemand ohne Punkt und Komma redet. Dessen sollten Sie sich auch dann bewusst sein, wenn Sie sprechen, und tunlichst vermeiden, in einen endlosen Vortrag zu verfallen.

Statt eine Dauerrede zu halten – Fidel Castros Rekord liegt bei vier Stunden –, sollten Sie sich darauf beschränken, sich zu einem Punkt zu äußern. Wollen Sie auf mehrere Aspekte zu sprechen kommen, sollten Sie sie zunächst in Kurzfassung skizzieren und später auf jeden einzelnen eingehen.

Einige Redner kündigen auch gleich zu Beginn an, dass sie sich z. B. zu vier Punkten äußern wollen, um den anderen Gesprächsteilnehmern so zu signalisieren, dass sie sich nicht unterbrechen lassen wollen, bevor sie jeden der vier Punkte detailliert erörtert haben. Auch in diesem Fall genügt es, zu-

nächst kurz auf die Punkte hinzuweisen und später auf sie
zurückzukommen.

Ego-Unterbrechungen

Die meisten Unterbrechungen sind ego-motiviert. Man will
bemerkt werden, auf sich aufmerksam machen, sich hervor-
tun oder zeigen, dass man schlauer ist als der Redner. Manche Menschen unterbrechen andere dauernd aus ebendiesen
Gründen. Solche Leute sind schlimmer als ärgerlich – und sie
bringen alle gegen sich auf, denn es ist nur fair, den anderen
ausreden zu lassen.

Als Redner, aber auch als Zuhörer, können Sie solche un-
höflichen Unterbrechungen energisch ablehnen.

- „Ich würde gern ausreden."
- „Lassen Sie sie zu Ende bringen, was sie angefangen
  hat."

Ergänzende Unterbrechungen

Solche Einwürfe sind meist gut gemeint. Der Unterbrechen-
de möchte etwas ergänzen oder bestätigen, was jemand sagt:
„Und außerdem ..."

Diese Art der Unterbrechung ist vielfach dazu gedacht,
den Wert des Gesagten zu heben. Auch wenn diese Unterbrechungen nicht unbedingt immer „unterstützend" sein müssen, erfolgen sie doch zumeist in der Absicht, dem Gesagten
zuzustimmen, es zu komplettieren oder mit zusätzlichem
Material zu belegen.

Spricht beispielsweise jemand über das Matriarchat der
Zulus, kann ein anderer hinzufügen, dass auch andere afri-
kanische Stämme diese Gesellschaftsform kennen. Hierbei

handelt es sich um einen Parallelkommentar, der weder bestätigt noch anzweifelt, was gesagt wurde.

Wenn der Sprecher ein Beispiel dafür anführt, wie schwierig bestimmte olympische Disziplinen zu bewerten sind, dann könnte jemand unterbrechen, um weitere Beispiele zu nennen.

Ergänzende Unterbrechungen sind, wie gesagt, gut gemeint, aber wenn sie zu lang ausfallen, verliert der Vortragende den roten Faden. Also sollte man sich zusammennehmen und nicht unbedingt alles sagen, was einem einfällt.

Korrigierende Unterbrechungen

Korrigierende Unterbrechungen sind berechtigt und wichtig, aber nicht unbedingt einfach in der Handhabung. Es kommt vor, dass jemand etwas offensichtlich Falsches sagt. Das kann ein Zitat sein, das der falschen Person zugeordnet wird, oder aber die Behauptung, Nizza sei eine Stadt in Italien, was eindeutig unwahr ist (wenngleich Nizza früher einmal italienisch war). Ein anderes Beispiel wäre, dass jemand sagt, Moslems würden dazu ermuntert, mehrere Ehefrauen zu haben, was ebenfalls unrichtig ist, denn es ist ihnen zwar in einigen Ländern gestattet, doch das ist nicht dasselbe wie eine Ermunterung. Auch wenn jemand behaupten würde, George W. Bush sei der neununddreißigste Präsident der USA, wäre das falsch.

Über kleine und unwichtige Irrtümer kann und sollte man eventuell hinwegsehen, statt den Redner korrigierend zu unterbrechen. Stützt der Sprechende seine Aussage jedoch auf eine Unwahrheit, wollen Sie wahrscheinlich nicht schweigend darüber hinweggehen. Also unterbrechen Sie ihn – so höflich wie möglich.

- „Sind Sie sicher? Ich dachte, Nizza sei in Frankreich."
- „Wie ich es verstehe, ist es den Moslems unter bestimmten Umständen gestattet, mehr als eine Ehefrau zu haben. Das ist aber nicht dasselbe, als würde man sie dazu ,ermuntern'."
- „Ich mag mich vielleicht irren, aber war Bill Clinton nicht der zweiundvierzigste Präsident?"

Eine andere Art der korrigierenden Unterbrechung wäre die, mit der man nicht auf falsch dargestellte Fakten hinweist, sondern eher auf einen logischen Bruch in der Argumentation. Dabei kann es sich um Schlussfolgerungen handeln, die nicht einleuchtend sind, weil das eine nicht notwendig auf das andere folgen muss. Oder aber jemand verallgemeinert etwas zu sehr. Diese Punkte wurden bereits in dem Kapitel angesprochen, in dem wir uns mit dem Vertreten eines abweichenden Standpunkts befasst haben. Will man jemandem sagen, dass man ihm nicht zustimmt, kann man das entweder in Form einer Unterbrechung tun oder damit warten, bis der andere ausgeredet hat.

Wahrscheinlich wird es Ihnen häufig passieren, dass Sie Zahlen oder Statistiken hinterfragen möchten. Das heißt nicht unbedingt, dass Sie die Richtigkeit der Zahlen infrage stellen. Vielleicht möchten Sie einfach nur wissen, woher sie stammen, wie aktuell sie sind, wie groß die repräsentative Gruppe der Befragten zu einer Statistik war oder auf welche Nationalitäten sie sich bezieht.

Korrigierende Unterbrechungen vermitteln immer die implizite Botschaft: „Damit kommen Sie bei mir nicht durch."

Dabei müssen Sie gar nicht unbedingt beabsichtigen, den anderen anzugreifen oder zu provozieren. Oft wollen Sie wirklich nur nachhaken, weil Sie sich in einer Sache ganz sicher sein möchten.

- „Das ist ein sehr wichtiger Punkt. Diese Statistik scheint mir von wesentlicher Bedeutung zu sein. Darf ich Sie fragen, woher sie kommt und wie aktuell sie ist?"
- „Die Zahlen sind ausgesprochen interessant. Woher haben Sie die?"

Gleich oder später?

Manchmal haben wir das Gefühl, wir müssten unbedingt sofort unterbrechen und könnten nicht abwarten, bis der andere ausgeredet hat, um an einem der vorgebrachten Punkte nachzuhaken. In der Praxis stehen aber drei Möglichkeiten zur Wahl.

Die erste ist die, abzuwarten, bis man zu Wort kommt, und dann nachzufragen, zu korrigieren oder zu ergänzen. Bei einer Unterhaltung zwischen zwei Personen ist das relativ einfach, weil man schon bald die Chance bekommen wird, sich zu äußern. Ist der Personenkreis allerdings größer, kann es ziemlich lange dauern, bis man den Punkt noch einmal ansprechen kann, der einem relevant erscheint.

Die zweite Möglichkeit ist die, zu unterbrechen und alles zu sagen, was man zu sagen hat. Hier besteht jedoch die Gefahr, dass man vielleicht viel zu sagen hat und die Unterbrechung den Zusammenhang des Gesagten verloren gehen lässt. Denn anzunehmen, dass die übrigen Gesprächsteilnehmer sich genau merken, was zuvor gesagt wurde, ist unrealistisch.

Die dritte Alternative besteht darin, an dem betreffenden Punkt zu unterbrechen und sich dabei möglichst kurz zu fassen. Sie signalisieren dann lediglich mit Ihrer Unterbrechung, dass Sie später noch auf diesen Punkt zurückkommen möchten.

- „In diesem Punkt stimme ich Ihnen nicht zu. Darüber sollten wir später nochmal reden."
- „Ich glaube nicht, dass diese Zahlen über Ehescheidungen korrekt sind. Ich werde Ihnen später ausführen, warum ich die Zahlen anzweifle."
- „So kann man es sehen. Man kann es aber auch folgendermaßen betrachten ..."
- „Das ist wahrscheinlich nicht die einzige Erklärung. Eine andere, auf die ich später zurückkommen werde, erscheint mir näher liegend."

Der Sprecher macht eventuell eine Pause, die es Ihnen erlaubt, Ihren Standpunkt auszuführen. Wenn nicht, müssen Sie warten, bis Sie zu Wort kommen und Ihre Sicht der Dinge darlegen können.

Zweifel

Sie können unterbrechen, weil Sie eine Aussage für falsch halten. Sie können unterbrechen, weil Sie etwas infrage stellen wollen. Oder Sie unterbrechen, weil Sie etwas ergänzen oder bestätigen wollen.

Sie können aber auch unterbrechen, um Zweifel anzumelden.

- „Mit diesem Argument konnte ich mich noch nie anfreunden."
- „Das ist die übliche Erklärung, doch manchmal frage ich mich, ob es auch die richtige ist."
- „Wir haben immer geglaubt, dass es so sein muss, nur weil wir unsere keine andere Möglichkeit vorstellen konnten."

Auf der Insel Malta gibt es unzählige Überreste aus der Steinzeit. Hier findet man sogar die älteste freistehende Skulptur der Welt, die von Menschen gefertigt wurde. Außerdem hat man auf der Insel ziemlich lange, parallel verlaufende „Wagenspuren" entdeckt, die sich in die Steine eingedrückt haben.

Weil diese Spuren entfernt an Eisenbahnschienen erinnern, hat man stets angenommen, sie seien für den Transport gedacht gewesen. Ich bezweifle das. Vor der Erfindung des Rades muss es so etwas wie „lineare Fertigungsmöglichkeiten" gegeben haben, sprich: Man zog einen Gegenstand über den Boden, um ihn zu schleifen oder zu mahlen (sei es eine Axt oder eine Kornähre). Und wozu dann die zweite, parallele Rille? Vielleicht zur Stabilisierung – als eine Art Ausleger. Und natürlich konnten auch beide Rillen funktional zum Schleifen genutzt werden. Diese Erklärung sollte man als eine weitere Möglichkeit in Betracht ziehen.

„Ich habe da meine Zweifel. Warum, werde ich Ihnen später erklären."

Manchmal kann Ihr Schweigen als Zustimmung gedeutet werden. Sind Sie jedoch anderer Ansicht, sollten Sie diesen Eindruck gar nicht erst entstehen lassen. Wenn also alle anderen zustimmend nicken, müssen Sie eventuell unterbrechen, um den Sprecher darauf hinzuweisen, dass Sie an seiner Aussage zweifeln.

Man kann zustimmen, widersprechen, zweifeln und „nicht überzeugt sein". Nicht überzeugt zu sein, bedeutet, dass man sich für alles offen hält und sich noch keine Meinung gebildet und kein Urteil gefällt hat.

UNTERBRECHUNGEN

1. Jemanden zu unterbrechen, ist grundsätzlich unhöflich und spricht für schlechte Manieren. Außerdem stört man damit den Redefluss des Sprechenden. Also sollte man schon einen wirklich triftigen Grund haben, bevor man jemandem ins Wort fällt.

2. Wenn jemand redet und redet, muss man ihm vielleicht irgendwann signalisieren, dass eine Unterhaltung ein Dialog und kein Monolog sein sollte. Ebenso sollte man selbst vermeiden, pausenlos zu reden.

3. Unterbrechungen sind oft „ego-motiviert". Jemand möchte bemerkt werden oder sich wichtig machen. Er unterbricht einen anderen, um damit zu demonstrieren, dass er klüger ist als der Sprechende.

4. Ergänzende Einwürfe dienen dazu, einen Punkt näher auszuführen, indem man zusätzliche Informationen oder Beispiele dazu einbringt.

5. Ergänzende Unterbrechungen können auch „Bestätigungen" des Gesagten sein.

6. Korrigierende Unterbrechungen sind wichtig und oft gerechtfertigt.

7. Sie können darauf hinweisen, dass etwas faktisch Falsches gesagt wurde.

8. Sie können den Redner auf einen logischen Bruch in der Argumentation aufmerksam machen.

9. Grobe Verallgemeinerungen seitens des Redners können ebenfalls eine Unterbrechung rechtfertigen.

10. Wenn Sie einhaken, können Sie entweder Ihren abweichenden Standpunkt ausführen oder nur darauf hinweisen, dass Sie später noch etwas zu einem bestimmten Thema sagen möchten.

11. Sie können auch unterbrechen, um Zweifel zu äußern.

12. Wenn die Umstände darauf hindeuten, dass Ihr Schweigen als Zustimmung interpretiert würde, müssen Sie eventuell unterbrechen, um diesen Eindruck zu vermeiden.

17
Auftreten

Normalerweise vermitteln wir durch unser Auftreten das Bild, das wir von uns selbst haben. Wenn jemand ein „cleverer Mensch" ist, der stets im Recht sein muss, dann gibt er sich auch entsprechend streitlustig und demonstriert gegenüber anderen gern, wie schlau er ist. Er stürzt sich wahrscheinlich auf jede Kleinigkeit, der er nicht hundertprozentig zustimmen kann, statt sich auf die Zusammenhänge zu konzentrieren oder auf jene wesentlichen Punkte, die er durchaus akzeptiert. Er zieht jede Information in Zweifel, die andere ihm geben, und versucht dann, sie mit eigenen Informationen zu übertrumpfen. Er äußert eher selten neue Ideen, denn neue Ideen bergen ein gewisses Risiko und sind leichter anzugreifen. Lieber beschränkt er sich auf das Kritiküben, weil es ihn überlegen wirken lässt und er sich damit nicht selbst möglicher Kritik aussetzt. Wenn jemand eine Idee vorbringt, ist er sofort bereit, mit einem „Ja, aber ..." zu antworten, um dann zu zeigen, dass diese Idee so toll gar nicht ist. Es widerstrebt ihm, irgendjemandem zuzustimmen, weil sich das nicht mit seiner grundsätzlich überlegenen Position verträgt. Er trägt die simpelsten Behauptungen vor, als handelte es sich dabei um profunde philosophische Erkenntnisse. Kurz: Er genießt es, clever zu sein, und nutzt jede Gelegenheit, bei anderen Eindruck zu schinden.

Ein solches Auftreten lässt geistige Attraktivität ganz und gar vermissen, denn es ist nichts Anziehendes an jemandem, der immer Recht behalten muss und andere ständig klein machen will. So jemand signalisiert nur: „Ich muss um jeden Preis gewinnen."

Andere Leute glauben von sich, sie allein seien die Hüter der „wahren menschlichen Werte".

„Egal worum es geht. Egal welche Informationen vorliegen. Am Ende entscheiden nur die wahren menschlichen Werte."

Wer zu dieser Spezies gehört, lässt keine Chance ungenutzt, um anderen zu erzählen, die eigenen Wertmaßstäbe seien die wirklich entscheidenden. Alle anderen sind unerheblich und störend. Hier bezieht sich die Arroganz auf Werte und nicht auf Logik, wie im obigen Fall. Dabei wird unterstellt, dass alles und jedes nach Gefühlen, Werten und Intuition zu entscheiden ist. Wenn das Herz am rechten Fleck sitzt und die Betreffenden es gut meinen, dann müssen ihre Urteile und Entscheidungen einfach richtig sein. Sie allein erfassen den Kern der Dinge. Diskussionen sind für sie nur eine Methode, falsche Ansichten zu korrigieren und andere von der Gültigkeit ihrer Ansichten zu überzeugen. Man kann über ihre Werte nicht streiten, denn es sind die einzig wahren. Deshalb müssen sie anderen Leuten auch gar nicht wirklich zuhören.

Diese Haltung ist selbstgefällig. Wer sie vertritt, braucht seinen Standpunkt nicht zu verteidigen, weil er sowieso im Recht ist. Und er ist im Recht, weil er die richtigen Werte vertritt.

Dann gibt es noch die Leute, die nach außen die Dummen spielen. Wer sich dumm stellt, kommt mit einer Menge Dinge durch. Sie brauchen keine klare Position zu beziehen, und niemand wird Ihre Ideen angreifen. Sie können die abwegigsten Fragen stellen, ohne dass man es Ihnen übel nimmt. Sie sind geradezu erpicht darauf, anderen zuzustimmen und alles zu akzeptieren, was sie sagen. Sie sind der perfekte Zuhörer, haben aber selbst nicht viel zum Gespräch beizutragen. Vielleicht haben andere Leute sogar Mitleid mit Ihnen. Solche Menschen schlagen sich dann auf Ihre Seite und vertreten Ihren Standpunkt, oder sie versorgen Sie sogar mit einer Meinung. Sie können sich also eine Menge Denkarbeit sparen.

Diese Haltung der gekünstelten Hilflosigkeit kann sowohl attraktiv als auch effektiv sein.

Ein wieder anderer Typ sind die sehr, sehr vernünftigen Menschen. Sie sind so vernünftig, dass sie sich niemals auf eine bestimmte Meinung einlassen können, weil sie ja alle anderen Meinungen so klar nachvollziehen können. Sie akzeptieren widerspruchslos, was man ihnen gegenüber behauptet. Für sie ist alles möglich. Nichts ist sicher. Nur sehr weniges ist wahrscheinlich. Für sie scheint es keine Werte oder Gefühle zu geben, und falls doch, sind sie so ausgewogen, dass sie keine sichere Basis für Entscheidungen bieten. Für sie stellt sich alles wie eine Straßenkarte dar, die viele verschiedene Wege zeigt, aber nie einen bestimmten, den man einschlagen muss.

Wer so auftritt, bei dem siegt die Vernunft über das Gefühl.

Und außerdem gibt es noch den Tyrannen. Für den Tyrannen sind Gespräche eine gesellschaftlich akzeptable Form der Unterdrückung anderer.

Der Tyrann stellt alles in Frage. Sämtliche Informationen sind potenziell falsch und bestenfalls vorurteilsbelastet. Der Tyrann verfügt über ein gewaltiges mimisches Talent. Eigentlich tyrannisiert er andere vor allem durch die Art, wie er zuhört. Sein Gesichtsausdruck changiert dann zwischen Zweifel, Ungläubigkeit, Ärger oder sogar Verachtung. Zugleich kann man ihn nicht darauf ansprechen, denn er sagt ja nichts, und man kann schlecht jemandem seinen Gesichtsausdruck vorwerfen.

„Aus Ihrem Mienenspiel schließe ich, dass Ihnen nicht gefällt, was ich sage. Was ist los?"

„Ach? Nichts, nichts."

Der Tyrann interessiert sich kein bisschen für die Inhalte oder Themen einer Unterhaltung. Er interessiert sich nur dafür, welche Wirkung er auf andere hat.

Ein anderer Typ ist der Schleimer. Er hat es jederzeit eilig, im Gespräch den Mächtigsten, Wichtigsten oder Klügsten beizupflichten. Auf diese Weise möchte er sich zu ihrem Verbündeten machen und hofft, sich an ihren Rockzipfeln mit nach oben schleifen lassen zu können. Er kann etwas offensichtlich Heuchlerisches haben, doch das muss er nicht. Für andere kann es ebenso gut so aussehen, als würde eine vernünftige Person einer anderen vernünftigen Person zustimmen. Stellt ein Schleimer sich geschickt an, schöpft man erst Verdacht, wenn man zufällig mitbekommt, wie er seine Meinung von einer Gruppe zur anderen ändert.

„Sie haben ja so Recht."

Der Schleimer schätzt es nicht, Fragen beantworten zu müssen, weil er sich damit der Gefahr aussetzt, dass seine Antwort möglicherweise nicht die Zustimmung seines stärksten Verbündeten findet. Also versucht er meist, die Frage weiterzugeben.

„Wie würden Sie diese Frage beantworten?"

Dieses Auftreten entspricht einem Machtspiel. Und wenn eine Unterhaltung schon ein Machtspiel ist, warum soll man sich dann nicht den mächtigsten Verbündeten suchen?

Dann gibt es da noch den Erneuerer oder den Menschen, der am laufenden Band neue Ideen produziert. Für den Erneuerer sind konventionelle Ansichten oder Argumente schlicht langweilig. Der Erneuerer wartet ständig auf eine Chance, sich mit einer neuen, kreativen und ungewöhnlichen Idee hervorzutun. Dabei handelt es sich um eine neue Wahrnehmung und eine neue Art, ein Problem zu betrachten. Oder der Erneuerer äußert einen Lösungsvorschlag, der weit über das hinausgeht, was vorgeschlagen wurde. Ihm ist durchaus klar, dass seine Ideen nicht unbedingt akzeptabel sein müssen, aber immer noch zur Provokation neuer Denkweisen dienen können. Der Erneuerer plagt sich nicht gern damit ab, einer Argumentationskette zu folgen. Wie ein Greifvogel schwebt er über den Dingen und wartet auf seine Gelegenheit, im Sturzflug herabzusausen und den passenden Punkt zu greifen, an dem seine neue Idee ansetzen könnte. Der Erneuerer kann für jedes Gespräch eine Bereicherung sein, solange die Rolle nicht übertrieben wird. Äußert er minütlich neue Ideen, nur um sich von den anderen abzuheben, werden Unterhaltungen schon mal zu Zirkusnummern.

Die Haltung des Erneuerers ist die, dass nur Spaß macht, was neu ist, und Argumente einfach langweilig sind.

Und zuletzt haben wir noch denjenigen, der alles schon mal gesehen und gehört hat. Er vermittelt konsequent den Eindruck von Erschöpfung und Langeweile. Jedes Argument wird als „alter Hut" abgetan. Neue Ideen werden bei ihm zu „denselben alten Ideen". Solche Menschen haben wenig beizutragen und machen jedes Gespräch zäh. Sie legen einen „negativen Enthusiasmus" an den Tag, der allen echten Enthusiasmus absorbiert und abtötet. So jemand signalisiert den anderen, sie seien verpflichtet, ihn mit neuen Ideen zu unterhalten, die es seiner Meinung nach jedoch gar nicht geben kann.

Sein Auftreten ist eines der affektierten Langeweile.

Die Kampfhaltung

Wer diese Haltung einnimmt, sieht jedes Gespräch als einen Schlagabtausch zwischen zwei Parteien, von denen jede einen eigenen Standpunkt vertritt. Wichtig ist allein, wer am Ende gewinnt. Ein Thema zu behandeln oder neue Ideen zu entwickeln, ist vollkommen unerheblich.

In der Liebe und im Krieg ist alles erlaubt, lautet hier das Motto. Informationen werden gezielt zurückgehalten, wenn sie den gegnerischen Standpunkt bestätigen. Diese Haltung ähnelt der von Anwälten vor Gericht. Es gibt bloß Gewinnen oder Verlieren, und nur einer kann siegen. Wenn überhaupt ein Waffenstillstand angeboten wird, dann als List, mit der die andere Seite in die Falle gelockt werden soll. Es gibt keine Gnade. Die besiegte Seite muss offen zugeben, dass sie besiegt wurde.

Das Ego-Machtspiel

Bei dieser Variante werden Gespräche als Arenen betrachtet, in denen man die Macht seines Egos unter Beweis stellt. Diskussionen oder Unterhaltungen sind da, um dominiert zu werden.

Vom Schlagabtausch unterscheidet sich diese Taktik insofern, als keine offene Aggression zu erkennen ist. Im Gegenteil: Man beginnt damit, möglichst vielen Leuten zuzustimmen, um sie als Verbündete auf die eigene Seite zu ziehen. Solange man als dominante Figur aus der Sache hervorgeht, muss man einen Streit nicht unbedingt gewinnen. Je nachdem, wie sich die Dinge entwickeln, können sich die Strategien und Taktiken verändern. Dominanz zeigen zu wollen, ist etwas anderes als „Sieg um jeden Preis".

In einem Wahlkampf tritt jemand, der diese Haltung einnimmt, wahrscheinlich als „Populist" auf und bekommt die meisten Stimmen.

Die Lernhaltung

Hier geht jemand mit der klaren Absicht auf ein Gespräch ein, etwas dabei zu lernen. Man will weder beweisen, dass man im Recht ist, noch andere vom eigenen Standpunkt überzeugen. Man will lernen. Vielleicht bekommt man ein paar neue Ideen. Vielleicht gewinnt man neue Erkenntnisse. Vielleicht kriegt man neue Informationen. Vielleicht bringen einen die Beiträge anderer auf neue Gedanken. Wenn man am Ende mit dem Gefühl weggeht, etwas gelernt zu haben, hat man seine Zeit nicht verschwendet.

Die Forscherhaltung

Es ist dieselbe Haltung, die ein Forscher einnimmt, der zu neuen Ufern aufbricht. Es gibt ein Thema, das erforscht werden will. Wie können ein paar interessante und interessierte Köpfe das Thema gemeinsam ergründen? Es wird unterschiedliche Sichtweisen geben, wie unterschiedliche Forschergruppen auch an unterschiedlichen Punkten einer Insel landen. Lassen sich diese unterschiedlichen Sichtweisen zu einem vollkommeneren Gesamtbild bündeln?

Der Forscher muss nicht alles akzeptieren und kann jede Information und jede Idee anzweifeln. Doch dabei geht es ihm um die Wahrheit und nicht darum, Punkte zu machen. Die Absicht des Forschers ist die, ein möglichst vollständiges Bild zu bekommen. Alle anderen betrachtet er als Verbündete, die ihm helfen, sein Ziel zu erreichen.

Die konstruktive Haltung

Sie ähnelt der des Forschers, allerdings mit einem gravierenden Unterschied. Der Forscher will ein Thema erforschen und es möglichst klar vor sich sehen. Wer hingegen eine konstruktive Haltung einnimmt, möchte „etwas tun". Er will „einen Weg finden, wie es weitergeht". Für ihn reicht es nicht, etwas nur „zu wissen", sondern er muss auch „handeln" können.

Es gibt das berühmte Zitat von René Descartes: „Ich denke, also bin ich." Ich habe es einmal folgendermaßen umformuliert: „Ich handle, also bin ich wichtig." Reflektion allein genügt nicht. Aufmerksamkeit ist wichtig, reicht aber auch nicht allein. Man muss auch konstruktiv sein und versuchen, sich weiterzuentwickeln.

Die Spaßhaltung

Gespräche und Diskussionen sind eine vergnügliche Art, unseren Verstand zu gebrauchen, wie Sport eine vergnügliche Art ist, unseren Körper zu gebrauchen. Der wesentliche Zweck eines Gesprächs oder einer Diskussion besteht also darin, dass wir die Unterhaltung genießen und anderen helfen, es ebenfalls zu tun. Haben wir allerdings schwer wiegende Entscheidungen zu treffen, reicht das nicht. Zumeist jedoch werden Gespräche und Diskussionen um ihrer selbst willen geführt, so wie man einen Waldspaziergang um des Spazierengehens willen unternimmt.

Spazierengehen kann uns körperlich fit halten. Ebenso halten uns Gespräche geistig fit.

Die „Wen-kümmert's-Haltung"

Wenn wir mit anderen Menschen zusammentreffen, können wir nicht einfach dastehen und uns gegenseitig anstarren. Sozialverhalten bedeutet, miteinander zu reden. Es ist wie das Atmen: Es geschieht eben. Man muss nicht darüber nachdenken, und wir sollten auch nicht darüber nachdenken müssen, ob wir reden wollen oder nicht. Was immer uns an Redestoff in den Sinn kommt, kann die Grundlage zu einer netten Unterhaltung bieten. Sie können über die Party der letzten Woche sprechen oder über den neuesten Klatsch. Der

Austausch mit anderen ist der entscheidende Punkt – nicht, was gesagt wird.

Doch stimmt das? Ich denke eher, diese Aussage ist ungefähr so sinnvoll wie die Behauptung: „Die Menschen müssen sowieso essen, also ist egal, was gekocht wird."

Wer das Gespräch mit anderen Menschen genießt, kann das Vergnügen verdoppeln, indem er auch genießt, was gesprochen wird. Andernfalls könnten wir uns auch angrunzen. Man strengt sich an, attraktiv auszusehen, warum sollte man sich dann nicht auch bemühen, ein attraktives Gespräch zu führen?

AUFTRETEN

1. Wie wir auftreten, hängt eng mit unserem Selbstbild zusammen.

2. Es gibt die „cleveren" Leute, die immer im Recht sein wollen und jedermann zeigen müssen, wie schlau sie sind.

3. Es gibt die „Hüter der Werte", die darauf bestehen, dass es nur auf die richtigen Werte ankommt, und sich für diejenigen halten, die in deren Vollbesitz sind.

4. Es gibt Leute, die sich willentlich dumm stellen, um das Mitleid und die Unterstützung anderer zu gewinnen.

5. Dann gibt es Menschen, die so vernünftig und besonnen sind, dass sie nie zu einer Entscheidung oder auch nur einer eigenen Meinung finden.

6. Die Tyrannen sehen Gespräche ausschließlich als Mittel, andere zu unterdrücken.

7. Die Schleimer verbünden sich grundsätzlich mit den Mächtigsten.

8. Die Erneuerer suchen in Gesprächen nur nach Gelegenheiten, neue kreative Ideen vorzubringen.

9. Dann sind da noch die Leute mit der affektierten Langeweile, die vorgeben, alles schon mal gesehen oder gehört zu haben.

10. Wer mit einer Kämpferhaltung in ein Gespräch einsteigt, denkt nur ans Gewinnen. Für so jemanden sind Unterhaltungen Machtspiele, bei denen er die Dominanz seines Egos beweisen muss.

11. Wer mit einer „Lernhaltung" in ein Gespräch geht, will etwas Neues erfahren. Bei der „Forscherhaltung" wird nach der absoluten Wahrheit gesucht, und jedes Thema muss gründlich erarbeitet werden.

12. Wer „konstruktiv" ist, will einen Weg finden, wie es weitergehen kann. Wer den Spaß an oberste Stelle rückt, erkennt in Gesprächen einzig ihren Unterhaltungswert, wohingegen derjenige, der mit der „Wen-kümmert's-Haltung" auftritt, glaubt, es sei vollkommen unerheblich, was in einem Gespräch gesagt wird.

18
Gesprächsbeginn und Themen

Wie fangen Sie ein Gespräch an? Worüber sprechen Sie? Da bietet sich zunächst das freundliche Geplauder an:

- „Wie geht's dem neuen Baby?"
- „Wie war Ihr Urlaub in Mexiko?"
- „Gefällt es dir auf dem College?"
- „Ich habe gehört, Ihre Tante ist gestorben. Mein Beileid."

Diese Art des Austausches dient vor allem der Herstellung und Pflege von Sozialkontakten, ist aber nicht minder wichtig als alle anderen Formen der Unterhaltung. Ist die Begrüßung jedoch vorbei und wurden alle Neuigkeiten sowie der jüngste Klatsch mitgeteilt, was dann?

Man kann sich über die anderen Leute im Raum unterhalten. Man kann auch über den Raum selbst oder die Aussicht von dort sprechen. Und dann?

Aktuelle Themen

In einer Kleinstadt gibt es vielleicht einen kleinen Skandal oder es stehen irgendwelche Veränderungen an. Da kann es etwa um eine ansässige Fabrik gehen, die geschlossen werden soll, oder um anstehende Wahlen. Eventuell kennt man auch ein paar richtig spannende Gerüchte oder weiß etwas über ein Verbrechen.

In größeren Gemeinden ist es eher unwahrscheinlich, dass alle über dieselben Themen informiert sind, also muss man ein paar geläufigere finden.

Eine gute Themenquelle sind immer die Nachrichten, ob nun Fernseh-, Radio- oder Zeitungsmeldungen. Ein kurzer Blick in die Tageszeitung kann uns üppig Themen bescheren. Hat der Gesprächspartner die Meldung ebenfalls gelesen, kann man sofort auf dieses Thema einsteigen. Kennt er sie nicht, kann man ihm davon erzählen. Man kann die Unterhaltung mit einem Verweis auf einen Kurzbericht beginnen, was insofern sinnvoll ist, als man so zumindest sicher sein kann, ein aktuelles Thema am Wickel zu haben.

- „In der Zeitung stand heute eine Geschichte ...“
- „Haben Sie den Bericht über ... gesehen?“

Wiederkehrende Themen

Wahlkämpfe bieten eine gute Gelegenheit, sich mit wiederkehrenden Themen zu befassen, ebenso wie große Veranstaltungen – die Olympischen Spiele etwa. Die Unruhen im Nahen Osten sind ebenfalls ein immer wieder aktuelles Thema, genauso wie neue Erkenntnisse in der HIV-Forschung oder beim Klonen.

- „Was halten Sie von den jüngsten Entwicklungen in ...“
- „Ich war erstaunt, als ich hörte ...“

Unter Umständen stellen Sie fest, dass die angesprochene Person zu dem von Ihnen aufgebrachten Thema mehr weiß als Sie oder auch weniger. Im ersten Fall können Sie Fragen stellen, im zweiten können Sie Ihr Gegenüber in die Neuigkeiten einweihen.

Man kann davon ausgehen, dass die wiederkehrenden Themen jedem mehr oder minder bekannt sind, also können Sie damit rechnen, dass Interesse für ein Gespräch besteht. Dieses Interesse kann auch allein darin liegen, neues Material über bestimmte Gebiete zu sammeln, das man dann in andere Unterhaltungen einbringen kann.

„Was machen Sie?"

Das ist eine klassische Eröffnung und darüber hinaus noch eine sehr gute. Die andere Person erzählt Ihnen, was sie tut und wo. Stellen Sie einfach ein paar intelligente Fragen, und lassen Sie sich nähere Informationen geben.

- „Stimmt es, dass ..."
- „Ich habe noch nie verstanden, warum ..."
- „Was geschieht eigentlich, wenn ..."
- „Da gibt es doch bestimmt auch einige heikle Aspekte bei der ..."

Einige Menschen reden sehr gern über ihre Arbeit, während andere es enorm langweilig finden. Auf jeden Fall sollten Sie darauf vorbereitet sein, diese Frage ebenfalls gestellt zu bekommen.

- „Ich verkaufe Autos. Und Sie?"
- „Ich unterrichte an der Grundschule. Und wo arbeiten Sie?"
- „Ich bin Raumfahrtexperte. Und was machen Sie?"

Sie sollten willens sein, ein paar interessante Dinge über Ihr Arbeitsgebiet zu erzählen. Am besten machen Sie sich vorher schon einige Gedanken darüber, welche Aspekte Ihrer Arbeit für andere von Interesse sein können.

- „Was die Leute über Discjockeys nicht wissen, ist ..."
- „Es wird natürlich haarig, wenn ..."
- „Es ist ziemlich anstrengend, sein Leben lang anderen Dinge erklären zu müssen, über die sie glauben, schon Bescheid zu wissen."
- „Die Patientenpflege ist noch der leichteste Teil. Schwierig wird es erst, wenn ..."
- „In der Chirurgie muss man genau wissen, was man tut, denn man kriegt ja keinen zweiten Versuch."

Das darauffolgende Gespräch muss nicht unbedingt bei dem Ausgangsthema „Beruf" bleiben. Man kann das Thema auch als Einstieg benutzen, von dem aus man sich zu neuen Ufern aufmacht. Eine Unterhaltung, die mit dem Thema Werbung beginnt, kann sich dahingehend entwickeln, dass man über die moralischen Implikationen spricht. Kann suggestive Werbung moralisch und gesetzlich vertretbar sein?

Um eine zu einseitige Unterhaltung zu vermeiden, sucht die andere Person nach einzelnen Punkten, zu denen sie Näheres erfahren möchte oder etwas beizutragen hat.

Unglücklich gewählte Gesprächseröffnungen

Was tun Sie, wenn keine Unterhaltung in Gang kommen will? Niemand hat wirklich etwas zu sagen oder scheint sich für das Thema zu interessieren. Reden Sie weiter und hoffen, dass sich das Interesse schon einstellt, oder wechseln Sie möglichst schnell das Thema?

Im Allgemeinen ist es wahrscheinlich das Beste, ein Thema, auf das niemand einsteigt, schnellstmöglich fallen zu lassen. Es ist eher unrealistisch, darauf zu warten, dass das Interesse von allein wächst.

Ideal wäre es, aus der laufenden Unterhaltung einen Punkt aufzugreifen, der spannend sein könnte. Auf diese Weise wird nicht gleich offensichtlich, dass Ihr erster Ansatz gescheitert ist. Haben Sie beispielsweise mit dem Thema „Flughafensicherheit" begonnen und erwähnt, dass die neuen Ultraschallsysteme die Kleidung durchleuchten, können Sie von dort zu einer Studie in Schweden überleiten, die davor warnt, dass zu häufige Ultraschalluntersuchungen von Schwangeren zu leichten Hirnschädigungen bei Ungeborenen führen können. Als ein Anzeichen dafür nennt die Studie die überdurchschnittlich hohe Zahl von Linkshändern unter den kleineren Kindern. Nun können Sie die Frage aufwerfen, inwieweit Linkshändigkeit ein Zeichen für minimale Hirnschädigungen sein soll. Heißt das, alle Linkshänder wiesen leichte Hirnschäden auf? Diverse amerikanische Präsidenten waren Linkshänder etc.

Gelegentlich bleibt Ihnen auch keine andere Wahl, als das Thema komplett zu wechseln.

- „Okay, das Thema bringt uns nicht weiter. Sprechen wir doch über das Paarungsverhalten von Nilpferden."
- „Ich interessiere mich eigentlich viel mehr für die jüngsten Meldungen über die Klonkatze als für den neuen Bürgermeister."

Neue Richtungen einschlagen

In einer ernsthaften Unterhaltung sollten Sie beim Thema bleiben. Menschen, die dauernd versuchen, vom Thema abzuweichen, können anstrengend und ärgerlich sein. Man wünscht sich dann sehnlichst, sie würden endlich gehen und sich woanders amüsieren.

Die meisten Gespräche aber sind so nicht ernst, und es ist weit wichtiger, dass sie für alle interessant sind, als dass sie bei einem einmal gewählten Thema bleiben. Jederzeit kann eine neue Richtung eingeschlagen werden. Sie müssen dann entscheiden, ob Sie auf abweichende Äußerungen eingehen oder das Gespräch lieber auf die ursprüngliche Bahn zurücklenken wollen.

Manchmal ergeben sich aus einem Gespräch neue Inhalte, für die Sie sich interessieren (auch wenn Sie wenig darüber wissen) oder über die Sie sehr viel wissen. Manchmal ist das, was sich ergibt, auch nur für sich genommen spannend.

Eine Unterhaltung dreht sich beispielsweise um Renten. Jemand schlägt vor, man solle sein geplantes Sterbealter angeben, damit die Pension entsprechend angepasst werden kann. Daraufhin kommt das Thema auf, ob Menschen ihre Lebensdauer tatsächlich „willentlich" beeinflussen können. Wenn bei einem liebenden Paar einer der Partner stirbt, lebt der andere meist nur noch kurze Zeit. Andererseits gibt es auch Menschen, die um ihr Leben kämpfen, obwohl sie wissen, dass sie schwer krank sind. Kann man sich mit Yoga oder anderen Methoden auf das Sterben vorbereiten? Geschieht das vielleicht schon in einigen Kulturen? Wenn die Medizinmänner der australischen Ureinwohner mit Knochen auf jemanden zeigen, stirbt diese Person oft kurz darauf.

Australische Medizinmänner haben mit Renten allerdings reichlich wenig zu tun.

Gesprächsverläufe steuern

Hierbei weichen Sie bewusst vom Ausgangsthema ab. Sie wählen ein Gebiet, für das Sie sich besonders interessieren und das die anderen Gesprächsteilnehmer anzusprechen scheint (oder erfahrungsgemäß anspricht). Sie geben dem Gesprächsverlauf also eine bestimmte Richtung.

Zum Beispiel wird über die hohe Scheidungsrate gesprochen. Jemand erwähnt eine Erhebung, der zufolge es häufig die Frauen sind, die die Scheidung wünschen. Außerdem wird in der Studie festgestellt, dass die Frauen zumeist aus dem Grund die Scheidung wollen, „weil sie zu wenig Einfluss auf ihre Männer haben". Wenn dein Mann nicht macht, was du ihm sagst, holst du dir eben einen neuen! Von hier aus kommen Sie auf die Stellung der Frau in der Gesellschaft. In Japan scheinen die Frauen eher im Hintergrund zu agieren, und dennoch üben sie eine Menge Macht aus: Sie kontrollieren die Familienfinanzen. Womit Sie auf das Matriarchat der Zulus kommen, und über Zulus wollten Sie die ganze Zeit schon sprechen. Sie haben das Gespräch also bewusst in die entsprechende Richtung gelenkt.

Wenn man von vornherein weiß, dass eine bestimmte Person grundsätzlich über ein bestimmtes Thema reden will, kann das langweilig werden, denn dann endet jedes Gespräch dort, und die anderen fangen über kurz oder lang an, die Unterhaltung mit der betreffenden Person zu meiden.

„Wir sprechen gerade über Orangen. Orangen versorgen uns mit Vitamin C. Aber Orangen wachsen nur in einem bestimmten Klima. Woher bekommen die Menschen, die nicht in solch einem Klima leben, ihr Vitamin C? Woher kriegen zum Beispiel die Leute in Afrika ihr Vitamin C? Wie decken die Zulus ihren Bedarf? Ach, und wo wir gerade bei Zulus sind, wussten Sie schon ..."

Damit wären Sie wieder beim Zulu-Prinzip!

Wut und Emotionen

Es gibt sehr emotionsgeladene Themen, die bei Einzelnen oder Gruppen grundsätzlich Wut oder Emotionen wecken. Aber es gibt auch Gesprächsinhalte, die nur bei einer bestimmten Person starke Gefühle auslösen. Mit anderen Worten: Wir bekommen es hier mit dem „roten Hut" zu tun.

Sollten Sie in diesem Fall beim Thema bleiben oder lieber auf ein anderes ausweichen?

Vielleicht möchten Sie sich gern ein bisschen weiter vortasten und ergründen, warum dieses Thema solche Emotionen weckt.

Vielleicht entscheiden Sie, dass starke Emotionen in einer netten Unterhaltung eher hinderlich sind.

Vielleicht genießen Sie es aber auch gerade, solche Emotionen zu provozieren.

Die Entscheidung liegt bei Ihnen. Eventuell fühlen Sie sich herausgefordert, den Grund für die Gefühlsaufwallungen zu entdecken. Wenn Sie sich sicher genug sind und es auf behutsame Weise tun, kann das sogar für die andere Person von Nutzen sein. Mangelt es Ihnen jedoch an dem nötigen Geschick, solche Dinge sensibel anzugehen, sollten Sie das Thema lieber wechseln. Provokation allein um der Provokation willen ist weder schön noch freundlich.

Langeweile

Wenn jemand sich zurücklehnt und den anderen signalisiert „Unterhaltet mich", dann können Sie einfach lächeln und sich einen anderen Gesprächspartner suchen. Wer sich absichtlich gelangweilt gibt, dem sollte man auch das Recht zugestehen, sich entsprechend zu fühlen. Es gibt keinen Grund, weshalb Sie sich von so jemandem benutzen lassen sollten.

GESPRÄCHSBEGINN UND THEMEN

1. Begrüßungen, der Austausch von persönlichen Neuigkeiten und nettes Geplauder erfüllen für sich schon einen wichtigen Zweck. Doch liegen sie erst einmal hinter Ihnen, muss das Gespräch irgendwie weitergehen.

2. Vielleicht gibt es aktuelle Themen, die allen Anwesenden geläufig sind.
3. Oft sind das Neuigkeiten, die man den Nachrichten oder den Zeitungen entnimmt.
4. Es bieten sich auch wiederkehrende Themen an, über die wahrscheinlich jeder Bescheid weiß.
5. Das Gegenüber zu fragen, was es „macht", ist eine sichere Eröffnung. Dieses Thema muss nicht die gesamte Unterhaltung dominieren, kann aber zu einem interessanten Austausch führen.
6. Wenn die Unterhaltung ins Leere läuft, sollte man das Thema wechseln.
7. Wenn ein Gespräch keinem festgelegten Zweck dient, sollte man jederzeit darauf vorbereitet sein, neue Richtungen einzuschlagen, die auf interessantere Gebiete führen.
8. Man kann versuchen, ein Gespräch in eine bestimmte Richtung zu „steuern", damit man zu einem Thema kommt, für das man sich besonders interessiert. Das sollte man jedoch nicht allzu oft tun, weil es irgendwann langweilig für die anderen wird.
9. Wenn Themen starke Gefühle oder gar Wut auslösen, kann man versuchen, behutsam den Grund für diese Reaktionen herauszufinden. Sollte man sich die erforderliche Sensibilität allerdings nicht zutrauen, dann wechselt man besser das Thema.
10. Wenn jemand beschlossen hat, sich zu langweilen, dann sind Sie nicht verpflichtet, ihn zu unterhalten. Lächeln Sie, und suchen Sie sich einen anderen Gesprächspartner.
11. Bauen Sie Ihre Interessen an bestimmten Inhalten aus und lernen Sie, anregend darüber zu erzählen. Das ist ein weiteres Merkmal geistiger Schönheit.
12. Ein wirklich geschickter Gesprächspartner kann aus allen Themen eine interessante Unterhaltung gestalten.

Einige Menschen sind sehr begabt darin, Gespräche in die Richtung zu lenken, die ihnen zusagt. Tun sie es auf angenehme und nicht zu offensichtliche Weise, ist dagegen überhaupt nichts einzuwenden.

19
Schlussbemerkung

Körperliche Schönheit verändert sich mit dem Alter. Geistige Attraktivität hingegen altert nicht wirklich, sondern sie wächst vielmehr mit den Jahren.

Schöne Körper und schöne Gesichter können langweilig sein, solange der betreffende Mensch keine geistige Anziehungskraft aufzuweisen hat, während die geistige Attraktivität keine hübsche Hülle braucht, um attraktiv zu sein.

In diesem Buch ging es darum, geistige Attraktivität zu entwickeln. Gemeint war damit, den Geist so zu bilden, dass er für uns selbst wie für andere attraktiv wird. Das erreichen wir nicht, indem wir uns in eine Ecke setzen und schönen Gedanken nachhängen. Nein, geistige Attraktivität braucht den aktiven Verstand. Dabei meint diese Aktivität keine Lösung komplexer Probleme, sondern das Erforschen von Themen in Gesprächen und Diskussionen. In diesem Kontext können andere sehen, wie viel geistige Attraktivität wir besitzen.

Wenngleich Konversation das Thema ist, das das gesamte Buch durchzieht, können die Gewohnheiten und Fertigkeiten des Denkens, die man in diesem Zusammenhang erlernt, überall eingesetzt und angewandt werden, wo Verstand gefragt ist.

Dieses Buch ist kein Roman, den man durchliest, um möglichst schnell zu erfahren, wie die Geschichte ausgeht. Sie können und sollen immer wieder zu einzelnen Kapiteln zurückkehren. Stellen Sie es sich so vor, als würden Sie jemanden erstmals mit zu einem Tennisspiel nehmen. Die betreffende Person wird eine Weile zuschauen und dann zu dem Schluss kommen, dass sie das Spiel „versteht". Doch das Tennisspiel zu verstehen, ist nicht dasselbe, wie Tennis spielen zu können. Ebenso müssen auch Sie üben und beobachten, um die Dinge umzusetzen, die Sie sich mit dem Buch erarbeitet haben. Schauen Sie genau hin, wie Sie Ihren Verstand nutzen. Verfeinern Sie Ihre Fertigkeiten. Entwickeln Sie Ihre geistige Attraktivität.

Vielleicht stimmen Sie dem zu, was ich geschrieben habe. Vielleicht widersprechen Sie auch. Vielleicht möchten Sie einzelne Punkte modifizieren und mit Ihren eigenen Erfahrungen anreichern oder sie so umformen, dass sie besser mit Ihrer Persönlichkeit harmonieren. Vielleicht möchten Sie Dinge hinzufügen oder bestimmte Gedanken weiterführen. Vielleicht möchten Sie aber auch einiges oder alles von dem ignorieren, was ich geschrieben habe. Das bleibt Ihnen überlassen.

Vergnügen

Sport macht Vergnügen. Warum sollten wir unseren Verstand nicht ebenso zu unserem Vergnügen nutzen, wie wir es beim Sport mit unserem Körper tun? Unseren Geist in Unterhaltungen und Diskussionen zu benutzen, sollte uns Vergnügen bereiten – es sollte uns im wahrsten Sinne des Wortes unterhalten. Wenn Sie die Benutzung Ihres Verstandes üben, sollten Sie Spaß daran haben, Ihre Fertigkeiten im Denken weiter auszubauen und so Ihre geistige Attraktivität noch zu steigern. Sie können Freude daran haben, anderen zuzustimmen, wie auch daran, ihnen zu widersprechen. Sie können Vergnügen daran finden, einen anderen Standpunkt zu vertreten oder andere Werte einzubeziehen. Sie können Freude daran entwickeln, Fragen zu stellen und etwas dabei zu lernen, andere an interessanten Punkten zu unterbrechen oder nicht zu unterbrechen.

Stellen Sie sich vor, Sie spielen Tennis und können gleichzeitig eine Videoaufnahme von sich selbst beim Tennisspiel ansehen. So funktioniert es mit den Fertigkeiten, die dieses Buch beschreibt. Sie können es genießen, sie auszuprobieren und sich selbst dabei zu beobachten.

Fertigkeiten

Das Wichtigste, woran Sie immer denken sollten, ist, dass es in diesem Buch um „Fertigkeiten" im Denken geht. Sie müssen nicht hoch gebildet sein. Sie müssen nicht über Unmengen an Informationen verfügen. Jeder kann geistige Attraktivität entwickeln, wenn er oder sie nur will.

Unsere natürlichen Denk- und Sprechgewohnheiten mit dem Hauptgewicht auf dem „Schlagabtausch" sind alles andere als schön. Wenn wir darum „kämpfen", stets Recht zu bekommen und anderen Unrecht zu geben, ist das niemals ansprechend. Ein Ego, das einzig daran interessiert ist, andere zu dominieren, ist ebenso unschön.

Der Gesprächsclub

Der Gesprächsclub, den ich in Kapitel 20 beschreibe, bietet einen Rahmen für das Erproben des vergnüglichen und gekonnten Gesprächs. Sie gehen zum Tennisspielen auf einen Tennisplatz, warum sollten Sie da nicht auch einen Ort haben, an dem Sie Konversation „spielen" können. Sie müssen keinen Gesprächsclub gründen oder in einen eintreten – aber es kann eine Menge Spaß machen.

Training

Spezifische Denkmethoden wie die Sechs-Hüte-Methode und das „laterale Denken" lassen sich üben. Tausende von Führungskräften auf der ganzen Welt haben schon an solch einem Training teilgenommen. Organisiert wird es von APTT in Iowa, weltweit sind über tausend speziell ausgebildete Trainer im Einsatz.

20
Der Gesprächsclub

Der Gesprächsclub ist ein Zusammenschluss von Leuten, die sich regelmäßig treffen, um die Kunst der Unterhaltung zu üben und zu genießen. Dabei liegt die Betonung auf zwei Aspekten. Zum einen wollen die Teilnehmer ihre Fertigkeit in der Unterhaltung verbessern, um ihre geistige Attraktivität zu entwickeln. Und zum anderen wollen sie es genießen, ihren Verstand im Gespräch zu nutzen.

Die Mitglieder eines Clubs können Familienmitglieder, Nachbarn, Arbeitskollegen, Freunde und Bekannte sein – die Teilnehmer können sich aber auch per Anzeige zusammengefunden haben. Die einzigen Qualifikationen, die sie mitbringen müssen, sind eine gemeinsame Sprache, die sie nicht unbedingt exzellent beherrschen müssen, und Motivation. Motivation ist eine Schlüsselvoraussetzung. Wenn alle Mitglieder es wollen, kann der Club erfolgreich sein.

Mitgliederzahl

Ideal sind Clubs mit sechs Mitgliedern, wobei es natürlich auch mit weniger Teilnehmern klappt. Alles ab zwei Personen ist gut. Ein Mitglied wäre hingegen etwas dürftig, denn wie will man ein Gespräch mit sich allein führen? Dafür bräuchte man einen Kassettenrecorder, damit man die Rollen beider Dialogpartner übernehmen kann. Sie können es aber selbstverständlich ausprobieren.

Bei mehr als sechs Personen besteht dagegen die Gefahr, dass sich einzelne Mitglieder auf die Rolle des „Publikums" verlegen und eher beobachten, statt aktiv am Gespräch teilzunehmen. Ist diese Entwicklung im Interesse aller, sind den Mitgliederzahlen natürlich keine Grenzen gesetzt.

Im Allgemeinen aber empfehle ich bei mehr als sechs Mitgliedern, dass man die Gruppe in mehrere kleine Gruppen teilt.

Regelmäßigkeit

Die Treffen der Mitglieder sollten unbedingt regelmäßig stattfinden, also immer zur selben Zeit und möglichst immer am selben Ort. Die Regelmäßigkeit ist wichtig für den Erhalt der Clubs.

Die Häufigkeit der Treffen hängt von den Wünschen der Mitglieder ab. Sie können einmal wöchentlich, vierzehntätig oder einmal im Monat zusammenkommen – beispielsweise jeden Dienstagabend von sechs bis acht, oder jeden ersten Dienstag im Monat. Vierzehntägige Treffen sind meist schwer durchzuhalten, weil die Termine leicht in Vergessenheit geraten.

Die Treffen sollten zwei bis drei Stunden dauern, bei weniger Mitgliedern auch kürzer. Längere Meetings empfehlen sich nicht, weil sie schnell ermüdend und langweilig werden.

Der Organisator

Der Organisator ist die Schlüsselfigur. Er ruft den Club ins Leben und sorgt dafür, dass er bestehen bleibt. Er muss motiviert sein, viel Energie mitbringen und einiges an Organisationsgeschick. Wenn er alle Voraussetzungen erfüllt, wird er wahrscheinlich in der leitenden Funktion bleiben. Es ist nicht nötig, dass dieses Amt innerhalb der Gruppe rotiert. Kleine Clubs lösen sich allzu rasch auf, wenn sie schlecht organisiert sind.

Während der Treffen selbst kann der Organisator als Leiter fungieren. Hier ist Kompetenz gefragt. Der Club muss mit Disziplin geführt werden, weil er sonst zu einer Plauderrunde degeneriert. Also ist es die Aufgabe des Organisators, die Fäden in der Hand zu halten. Falls es die Gruppe wünscht, kann man die Leitungsfunktion auch durchwechseln lassen. Diese Methode empfiehlt sich allerdings nicht, weil sie mehr Risiken als Vorteile bietet.

Die Struktur

Die Treffen müssen klar strukturiert sein. Normalerweise führt ein Teil der Mitglieder ein Gespräch, während die anderen zusehen und hinterher den Gesprächsverlauf kommentieren.

Die Vorteile

Die Gesprächsclubs bieten diverse Vorzüge. Da wäre zunächst einmal der Spaß, regelmäßige Sitzungen abzuhalten und Gäste dazu einladen zu können. Außerdem kann man anhand der Kommentare der „Beobachter" nachvollziehen, welche Fortschritte man in der Gesprächsführung macht. Man benutzt ein spezielles Punktesystem für Ideen, Beweisführung, Werte etc.

Durch die Clubs wird das Denken zu einem Hobby, und Sie werden dabei dieselben Erfolgserlebnisse haben wie auch in anderen Hobbys. Vergessen Sie aber nie, dass die Erfolgsdefinition hier eine andere ist als in so genannten „Debattierclubs", in denen es um das „Gewinnen" oder „Verlieren" geht. In einem Gesprächsclub gewinnen alle. Wenn eine Gruppe von Leuten gemeinsam zum Schwimmen geht, können alle schwimmen. Darin besteht der Erfolg. Sie lassen sich nicht auf einen Wettstreit ein.

Rahmenvorgaben

Im Ballett gibt es dreizehn Grundschritte. Sie liefern die Rahmenstruktur, innerhalb derer die Tänzer so kreativ sein können, wie sie nur wollen. Dasselbe gilt für die Regeln des Gesprächsclubs: Sie bieten die Rahmenstruktur, innerhalb derer Sie sich frei bewegen können.

Ohne solche Rahmenvorgaben kann man auch manche wunderbare Sitzung veranstalten, die meisten allerdings dürften in einem ziemlichen Chaos enden.

Laden Sie ruhig Kinder ein, an den Treffen teilzunehmen, damit sie sich von klein auf bestimmte Verhaltensweisen im Gespräch angewöhnen.

Ausblick

Ihr Verstand kann eine unerschöpfliche Quelle der Freude und des Vergnügens sein. Er ist da um benutzt zu werden – falls Sie ihn gebrauchen wollen. Geistige Attraktivität kennt keine Grenzen. Sie können Ihren Geist schöner und schöner machen. Nichts ist so attraktiv wie geistige Attraktivität.

Um geistige Attraktivität zu erlangen, müssen Sie sie vor allem erlangen wollen. Sie müssen bereit sein, etwas dafür zu tun.

Stichwortverzeichnis